設備屋の本
建築設備監督の仕事とは

奥山 松男
Okuyama Matsuo

風詠社

まえがき

　私が、この本を書こうと思ったのは、38年間建築設備の番頭（監督）をやってきて、学んできた技術や知識をまとめ、これから設備屋の番頭をめざす若い人達に、設備屋とは具体的にどういう仕事をやるのかということを伝えたかったからです。

　設備の専門書は数多くありますが、設備の基本的な仕事内容を紹介した本は見当たりません。私も会社に入って初めて、こういう仕事をするんだなあとわかった次第です。

　建築設備の会社に入社しても、長続きしないで去って行く若者が少なくありません。そんな人にぜひ読んでもらいたいと思います。

　建築設備といっても、大きく機械設備（空調・衛生設備）と電気設備の2つに分けられますが、私は、機械設備に関して経験した事を元にまとめました。

　個人の体験に基づいて書いたところも多く、異論もあろうかと思います。が、少しでもお役に立てば幸いです。

目　次

まえがき ………………………………………………………………………………… 3

1. 基本編 ……………………………………………………………………… 7

　1）建築設備の業界は、どうなっているのですか。　7
　2）機械設備は、どのような工事をするのですか。　8

2. 設計編 …………………………………………………………………… 17

　設計部に配属されたらどのような仕事をするのですか。　17
　1）空調設計部門に配属された場合　17
　2）衛生設計部門に配属された場合　19
　3）CAD 設計に配属された場合　20

3. 工事編 …………………………………………………………………… 21

　工事部に配属されたらどのような仕事をするのですか。　21
　1）工事の種類　21
　2）具体的な工事担当者の仕事　23

4. 品質と安全について ………………………………………………… 32

　1）品質について　32
　2）安全について　45

5. 実務資料編 52

1) 建築設備は、どのような材料を使用しているのですか。 52
2) 建築設備は、どのような機械や工具を使用しているのですか。 59
3) 基本設計実例 62
4) 施工計画書及び施工要領書サンプル 71
5) 見積書作成について 102
6) 設備工事チェックリスト（新築工事の場合） 110

6. 現場施工クレームについて 113

7. 私の設備経歴 116

あとがき 122

装幀　2DAY

1. 基本編

1－1）建築設備の業界は、どうなっているのですか。

具体的に、建築設備業界は、どういう組織になっているのかをまとめました。

一般的な業界組織は、大まかに書くと以下のようになります。

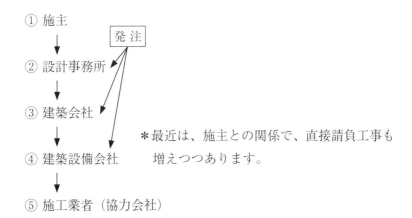

①の施主は、建築設備工事を含めた建築工事の依頼者です。簡単に言えば、仕事を依頼して、お金を出してくれる会社（人）です。

②の設計事務所は、総合建築設計事務所、構造設計事務所、設備設計事務所等があり、施主（仕事の依頼者）の意向に沿って、設計プランを立て設計図面を作成し、予算を立て、現場施工管理を行います。

③の建築会社は、大手ゼネコンと呼ばれる建築会社と、準ゼネコン、工務店迄広く全国に存在します。設計図に基づいて、請負で、設備工事を含む総合建築工事を行う設計施工会社です。

④の建築設備会社は、通常サブコンと呼ばれる立場の会社です。元請

から設備工事部分を請け負い、配管工事等の実施業者をまとめて、施工管理します。

⑤の施工業者も多くの業種があります。

配管工事、ダクト工事、保温工事、塗装工事、自動制御工事、重量とび工事、はつり工事、X線検査工事、水槽清掃工事、ダクト清掃工事他色々有ります。各業者共、専門知識と技術を持った職人さんを確保しています。

配管工事の中にも一般空調衛生配管の他、ガス配管工事、消火配管工事、医療ガス配管工事等もあります。

1－2) 機械設備は、どのような工事をするのですか。

建築工事に於いて、機械・電気設備は非常に重要で責任のある仕事です。いくら外観上、りっぱな建物ができても機械設備、電気設備が無くては、建物としては機能しません。

人間の体に例えると、成長する体の骨格や頭、手足、皮膚を作るのが、建築工事で、脳、胃腸、心臓等の、人間が生きていくのに必要な器官を作り、血液を循環させて、24時間生命維持の仕事をするのが役目です。

人間の体と同じように、建物が竣工してから何年かたつと、機器や配管の修理や更新が必ず必要となってくるので、保守メンテを考慮した施工が重要です。

機械設備の仕事も大きく分けると、以下のようになります。

A　空気調和設備工事
1) 機器設備工事
2) 配管設備工事
3) ダクト設備工事
4) 自動制御設備工事
5) 換気設備工事
6) 排煙設備工事

1. 基本編

B　給排水衛生設備工事

1）給水設備工事

2）給湯設備工事

3）排水通気設備工事

4）衛生器具設備工事

5）ガス設備工事

6）消火設備工事

　　a. 屋内消火栓設備

　　b. スプリンクラー消火設備

　　c. 泡消火設備

　　d. 不活性ガス消火設備

　　e. ハロゲン消火設備

　　f. 粉末消火設備

　　g. 連結送水管設備

＊医療ガス工事や排水処理施設工事も、給排水衛生設備工事に含まれることもあります。

それでは、各設備工事の概略を説明します。

A.　空気調和設備工事

1）機器設備工事

冷房・暖房の空調機器の設置。具体的にはボイラーや冷凍機、ポンプ、空調機、エアコン等の設置及び搬入据付工事等を行います。

建物規模の大きさ及び空調方式により、どのタイプの機器を使用するかは、かなり異なります。

2）配管設備工事

機器設備及び空調方式により、各種の配管工事があります。

9

水熱源の場合、蒸気配管、温水配管、冷水配管、冷温水配管、冷却水配管があります。空気熱源の場合、冷媒配管があります。

最近の中規模までのビルは、空気熱源ヒートポンプエアコン方式が多くなり、冷媒配管が多くなってきています。

また、排水配管（ドレン配管）等もあります。

3）ダクト設備工事

空調機（エアハンドリングユニット）を機械室に設置して、各部屋に温度調整された空気を届けるための風導工事が主です。

風導は、一般的に鉄板製です。使用目的及び使用場所により、ステンレスダクト、グラスウールダクト、ビニールダクトが使われます。

4）自動制御設備工事

空調の基本である温度、湿度を測定して、空調機器の制御（ONOFF及び比例）、ダクトの風量制御、配管の水量制御を行う工事です。

制御目的により、電気式、電子式、空気式があります。

5）換気設備工事

人にとって大切な給気（外気）や排気を行う工事です。

自然給気・排気、機械給気・排気の種類により、第1種換気、第2種換気、第3種換気に区別されます。

一般的に多いのは、便所排気、湯沸排気、事務所の給排気等があります。

ガスを使用する湯沸・厨房等には、国土交通省規格があり、計算で求めた風量以上の排気ファンを設置しなければなりません。最近の事務所ビルでは、全熱交換器を用いた換気方式を採用しています。

6）排煙設備工事

火事が発生した時に、その区画の煙をすばやく排煙口から排出して、

避難するのを助ける設備で、対象部屋の状況により、大きく自然排煙と機械排煙に分けられます。

　機械排煙は、排煙口、排煙ダクト、排煙機より成り立っています。

　また、建築基準法と消防法による排煙設備があるので、施工前に十分な諸官庁との打合せ確認が必要です。

B. 給排水衛生設備工事

1）給水設備工事

　人間の生活に必要不可欠な飲料水や便所の洗浄水を供給する設備です。給水方式には、各家庭へ直接公共水道本管より供給する直圧給水方式が、基本設備ですが、マンションやビルへは、受水槽＋高置（高架）水槽を設置した（オーソドックスな）自然重力給水方式もあります。

　数年前から、水槽に一旦貯水する方式は、衛生的な問題（残留塩素、藻発生）が発生しやすいので、それを防止する為に、受水槽＋加圧給水ポンプ方式や、直結増圧方式　基準を満たしているマンションやビルには、各水道局が勧めている水道本管より建物に給水を引き込んでの、直結増圧給水ポンプ方式も増加しつつあります。

　飲料給水と雨水等を利用した雑用給水を別々に供給している建物もあります。

　飲料給水はもちろん飲む可能性のある給水で、雑用給水は便所の洗浄水や空調冷却水等です。

　雑用給水は、建物の規模や設置場所によりますが、井戸水や川の水、雑用水雨水等を化学処理して再使用されています。

2）給湯設備工事

　給湯方式には、中央給湯方式と局所給湯方式があります。

　中央給湯方式は、比較的大規模なビルに採用されていて、ボイラーと貯湯槽と循環ポンプを組合わせて各所へ給湯します。配管工事としては、

給湯管、給湯還管が必要ですが、往管だけの単管配管方式もあります。

局所給湯方式は、各湯沸し場や洗面所にガス焚き湯沸器や電気湯沸器を設置して、給湯水栓に給湯する方法であり瞬間式と貯湯式があります。

3）排水通気設備工事

人体からの排せつ物である汚水をはじめ、生活排水としての雑排水、雨水及び放射性物質を多く含む RI 排水等を行う設備工事です。

給水設備のあるところには、排水設備がほぼ 100% 必要です。

公共下水道が完備している区域は、直接汚水、雑排水、雨水を建物敷地内の公共桝（通称敷地内最終桝）に排水を集合させて、公共下水道本管に放流接続しています。

各都市郡部により、汚水雑排水と雨水を別々に分け、汚水雑排水のみを公共下水道に放流接続する地域も多くあります。（各地域により異なります）

設計施工する場合は、事前に諸官庁との打合せ及び確認が必要です。

また、区域により建物内に浄化槽を設置して、汚水の一次処理をしてから、下水本管や河川に放流している建物もあります。

近年、公共下水道の設備が完備されつつあり、浄化槽方式から公共下水道に直接放流切替工事も増えつつあります。

建物内の排水設備には、屋内排水設備、屋外排水設備があります。

屋内排水設備には、汚水と雑排水が同じ 1 本の配管に接続する合流式と、別々に配管する分流式があります。

排水設備の中で、重要な役目をしているのが、排水用通気設備です。

通気が無い排水管は、流れが悪く、排水詰りや排水音等の問題が、生じます。

通気立管は、最頂部で外気に開放されており、排水管が流れ始める時は、エアーを吸込み、排水管が満流になった場合は、エアーを通気管に逃がして排水管がスムーズに流れるのを助ける重要な役目をしています。

1. 基本編

通気管頂部を外部に開放できない場合は、通気ベントキャップの代りにドルゴ通気弁（商品名）を取付けるという方法（工法）もあります。

屋外排水設備は、建物外敷地内の地面に排水会所（汚水会所、雑排水会所）を設置して会所間を排水管で接続して、最終会所を経て、公共下水管に放流する設備です。排水会所の材質も昔と比べるとずいぶん変わりました。昔は現場で、型枠を設置し、コンクリートを流し込んでの、現場打ち会所や工場製作の既成会所が中心でしたが、最近の現場は、特別に耐荷重を要求しない設置場所には、ビニール製の小口径桝が多く使われるようになりました。

また、コンクリート汚水会所の内部に、インバートを切って仕上げる左官技術を持った職人さんが少なくなってきました。

4）衛生器具設備工事

事務所ビル内などに、トイレの洗面器、大便器、小便器を取付ける工事であり、一般住宅内でもトイレ、浴室やキッチンの水栓及び排水金具等を取付ける工事です。

衛生器具の選定は、施主、建物の種類、グレード、コストにより決定され種々多様なものがあります。

日本の衛生器具メーカーとしては、TOTO、リキシル他数社があり、外国のメーカーもコーラ社他多数あります。衛生器具は、毎日使用して目につくもので、施主の好みや設計者のセンスが反映されます。

衛生器具の取付方法も、先に壁内に配管を仕込んで、壁にタイル、クロスを貼り、壁が仕上がってから器具を取付ける在来工法と、ユニットトイレ方式があります。

ユニットトイレ方式は、工場で配管、壁仕上げ材、フレームを製作し、現場へ搬入して組立てる方法で、現場工事が少なくなり、工期の短縮につながります。

在来工法だと工期がかかり、トイレの壁仕上げがタイル貼りの場合、

水栓の目地合せが大変であり私も色々と苦労した経験があります。

　超高層ビル等には、ユニットトイレ方式が多く採用されています。

　5）ガス設備工事

　ガス設備は、大きく分けて都市ガス設備とプロパンガス設備があります。

　都市ガス設備は、道路内に上下水道と同様にガス配管を埋設し、各建物にガス管を引き込んで、ガス器具や暖房器具まで（ガス）を供給する設備です。

　都市ガス会社には、大阪ガス㈱や東京ガス㈱他各地域にあります。

　都市ガス設備は、全て各ガス会社の責任設計施工となっています。

　プロパンガス設備は、各建物にプロパンガスボンベを設置し、部屋まで配管してガス器具に供給する設備です。

　また、ガス器具を設置した厨房、湯沸場には、必ず換気設備が必要です。

　6）消火設備工事

　消火設備は、建物規模、用途により消防法規に決められた消火設備を設置しなければなりません。

　建物を新築あるいは改築する場合、施工者は必ず施工前に所轄の消防署に確認に行かなければなりません。建物の使用用途が変更の場合も同様です。

　消防設備の工事、点検をするには、消防設備士（甲種、乙種）免許が必要です。消火設備の種類により、必要な消防設備士資格を取得しなければなりません。

　例えば、屋内消火栓設備、スプリンクラー設備、水噴霧消火設備の工事・点検をする場合は、甲種第1類の免許が必要です。

　また、消防設備士は、5年毎に指定講習を受けなければなりません。

　消防設備工事をする場合は、着工10日前に［着工届］、工事完了後は

設置後4日以内に［設置届］を提出し、消防署の完了検査を受けて合格しなければ、正式に建物の使用開始ができません。

消防設備の中でも身近には屋内消火栓設備、スプリンクラー消火設備があります。

①屋内消火栓設備

壁に据付の消火栓BOXと、箱内には、バルブ、消火栓ホース、ポンプ起動ボタンがあり、火事の際は消火栓ホースを引き出しバルブを開き起動ボタンを押して、消火ポンプを起動させ初期消火を行うためのものです。

②スプリンクラー消火設備

スーパーや、ホテル、病院、複合用途ビルの天井部分にスプリンクラーヘッドを配置し天井周囲の温度が火事で規定温度以上に上った場合、ヘッドより高圧の水が放水されて、消火する設備で、閉鎖式と開放式があります。

③連結送水管設備

ビルやマンションやスーパー、病院等の屋外に送水口を設置し、火事の場合は、消防車が横付けして消火用水や水道本管から吸水し、建屋内の放水口にホースを接続して消火する設備です。

④泡消火設備

駐車場等の天井に泡ヘッドが設置され、火事の場合、感知器や手動により泡ヘッドから泡が放出され、消火する設備です。放出区画毎に泡配管が色分けされています。

⑤他の消火設備

電気室の消火設備には、不活性ガス消火設備（CO_2）やハロゲン化消火設備や粉末消火設備等があり、設置後の取扱には、充分注意する必要があります。操作方法を間違えば人命にかかわり、今までも誤操作で死亡事故が起こっています。

点検時にも正しい手順で行う必要があり、一歩間違えば重大事故に

なるため、設置点検ともにミスが許されない設備です。CO_2ボンベや
ハロンボンベ室に入室する場合は、絶対に器具や弁にむやみに触れな
いように充分注意が必要です。

2．設計編

設計部に配属されたらどのような仕事をするのですか。

　設計部での仕事は、各設計事務所やゼネコン、サブコン、専門業者など、各会社の組織により異なります。

　例えば、サブコンの設計部に配属された場合は具体的にどのような作業をするのかを例に説明しますので、参考にしてください。

　38年前に、私が新入社員で、設計に配属された時は、最初に建築図の裏トレースの仕事をさせられました。もちろんパソコンも無い時代です。裏トレースとは建築図面の裏コピーをとり、その上に透明白紙のトレース用紙を貼り付け鉛筆で建築図をトレースし、表側に設備図面を書き込む為の準備仕事です。

　今はCADで建築データをもらい、CADで設備図面を作成するという仕事に変わってきました。CADができない私は、現在本当に苦労しています。

　設計の仕事も昔は、全部一人で行うスタイルでしたが、段々と設計、CAD、積算と分業でする方法に変わってきました。ただし会社の規模と人員により、一人で全てを行う場合もあります。

　何事もそうですが、現在は設計時間も短縮され、スピーディに仕事をする必要があるので先輩の仕事ぶりを観察して、良いところを早く取り入れて、少しでも早く正確に仕事を進める能力を身につける必要があります。

2－1）空調設計部門に配属された場合

　大抵の場合、建築業者・電気業者と打合せしながら基本設計を行い詳細設計へと進めて行きます。

17

a）空調負荷計算

建物の用途、建物の構造、仕上げ材等を調べ、照明、人間、パソコン等の発熱機器設計、外気条件を考慮して空調負荷計算をしなければなりません。今は、パソコンソフトで空調負荷が簡単に計算ができます。

b）熱源機器及び空調方式の検討

建物の用途、規模、イニシャルコスト、ランニングコスト及び、特に省エネを考慮して熱源機器を決める事になります。

また、建物用途により、空調方式もセントラル式か個別式かを決めなければなりません。

テナントビルの場合、昔はセントラル方式でしたが、今はほとんど個別方式が採用され常駐の設備管理者がいないビルが多くなってきています。

c）機器の配置スペース

熱源機器及び空調方式が決まれば、熱源機器と空調機器の配置及び必要スペースを建築担当者に要求しなければなりません。

建築担当者は、概して、設備スペースを小さく考えがちです。特に意匠を重視する設計者は、設備スペースの考慮をしてくれません。

設備担当者は、機器設置後のメンテスペース等を考慮して、必要なスペースを頑強に要求しなければなりません。

以上の基本設計をできるだけ早く、建築、電気各部門と打合せをしながら、詳細設計を進めて行きます。具体的には、機器の配置、配管サイズ、ダクトサイズを決めて図面化し、設計図を期限までに完成しなければなりません。

もうひとつ大事な事は、基本設計の段階で概略コストを出す必要があります。コストにより、基本設計が大幅に変更される事がよくあります。

建築と電気との打合せも、昔は頻繁に顔を合わせて打合わせしました

が、最近は、メールで図面等を送り、電話やメールで打合せを行いスピード化が図られています。便利になりましたが、逆に忙しくなりました。

2－2）衛生設計部門に配属された場合

　設計の進め方は、空調設計と基本的には同じですが、大きく違うのは、役所（監督諸官庁）との打合せをしながら進めていかなければなりません。

a）給水設備に関して

　各市長村の水道局給水装置係に出向いて、これから設計する建物周囲の給水配水管サイズや建物に引き込む給水管サイズの打合せを行います。

　打合せに行く前には、建物に必要な給水量や給水方式を決めていくほうが、スムーズに話が進みます。

　市水引き込みサイズ及び給水方式が決定後、確認の為、水道局と再度打合せを行い、水道局の承認をもらいます。（正式には、給水装置工事申込書を提出後）

　打合せを行った場合、どんな場合もですが、誰とどんな打合せをしたかを記録した打合せ議事録をすぐに作成し、内容を確認しなければなりません。人間の記憶ほどいいかげんなものはありません。

b）排水設備に関して

　給水設備と同様に、下水道局へ打合せに行き、予定建物の周囲に下水道本管があるかどうかの確認と、下水本管があるならば、下水道本管のサイズ、埋設の深さや建物からの接続許容配管サイズを調べなければなりません。

　雨水と生活排水（汚水＋雑排水）の合流方式か分流方式か或いは、浄化槽を設置する必要があるか、無いかをできるだけ早く確認しなければなりません。

　排水方式が分流か合流かにより、建物内部の排水管の配置、ルートも大幅に変わってきます。

c）消火設備に関して

　建物の用途、建築延面積、床面積により消防設備の設置が義務づけられていて、事前に自分で調べてから、管轄の消防署予防係に行き、打ち合わせを行い、その建物に必要な消防設備を確認しなければなりません。

　打合せをスムーズに行うためには、やはり設計者は、よく使う消防設備士甲種第1類・2類・3類・4類の資格を早いうちに取得する必要があります。

2－3）CAD 設計に配属された場合

　10数年前には、設計図は、ほとんど手書きで行い、設計図を書く人の器量により、すばらしい設備設計図（設備図面がとびだしてくる図面）がありました。

　最近は、100％ CAD（コンピューターで作図）で図面が書かれています。CAD 設計図もパソコンソフトにより、AUTO CAD、CAPE、JW CAD 他多数ありますが、私が勤務していた会社は、AUTO CAD と CAPE を使っていました。

　CAD 設計の便利な点は、色々と有りますが、平面図を書くだけで、断面図も自動的にできるし、3次元の図面も簡単にできます。

　メールを使って、相手側へ早く送る事もできます。

　また、単線設計もダブルの配管に変換でき、図面の縮尺も自在に変更できます。そして何よりもきれいな図面が仕上がります。

　DXF を使って、ソフトの互換性もあり、異なるソフトの図面でも、自分の使っているソフトで仕上げる事ができます。

　以上、CAD 設計の利点を述べましたが、CAD ソフトを勉強して使う事ができないと話になりません。独学で覚えることは、なかなか難しいので、それぞれのソフトメーカー主催の CAD 講習会に積極的に参加し、よくわかっている人に教えてもらい、早く覚える努力が必要です。

3. 工事編

工事部に配属されたらどのような仕事をするのですか。

　工事部での仕事は、設計図に基づいて正しい施工方法で、工期内に、安全に仕事を完了させる事です。このあたりまえの事が、重要な事です。

3－1）工事の種類

a）新築工事

　建物の新築工事に伴う、空調衛生設備工事です。工事の大小にかかわらず、建築工程に合せて、工事を進めて行きます。着工事と竣工前は、特に忙しくなります。

　現場によりますが、建物足場ができる前に先行外部給排水工事を施工し工期の短縮をはかる場合もよくあります。（ただし不等沈下を考慮した施工が重要です。）

b）改修工事

　空調設備改修工事としては、空調機器の取替更新工事や熱源改修工事及び配管改修工事があります。

　衛生設備改修工事としては、便所改修工事、給排水管更新工事、貯水槽や給湯ボイラー等の機器更新工事があります。

　設備に関しては機器・配管も劣化し、耐用年数も有り、更新が必要となってきます。

　マンションの場合、管理組合で修繕積立金を、毎月徴収して、建物及び設備の維持管理を行っています。

c）修理工事（修繕工事）

設備を維持していく上で、どうしても修理が必要になり、修理工事が発生します。

例えば、配管が漏れた時の配管漏水修理、排水管が詰ったときの排水管詰り通管工事、バルブがきかなくなったときのバルブ取替え工事、空調エアコンが不調になった時のエアコン修理、ポンプ・ファンの修理等があります。

修理工事は、改修工事や新築工事に比べて簡単に思う人がいますが、本当はむずかしく、経験と判断と多くの設備知識が必要です。

ビルやマンションで漏水が発生した場合、できるだけ早く現場に行き、状況を確認して早急に応急手当をして、漏水による被害を少なくするように対処しなければなりません。同時に材料と配管職人を段取りしなければなりません。

簡単な修理もありますが、やはり多様な熟練技術と経験が必要です。

d) 保全メンテナンス工事

設備機器及び配管等を維持していく上で、保全メンテナンスは必要です。

空調設備としては、ポンプ・ファン等のメンテナンスを定期的に行います。また、圧力容器の法的定期検査もあります。

衛生設備としては、ポンプのメンテナンスや貯水槽の定期清掃があります。

法的には、簡易専用水道に該当する貯水槽は、一年に一度貯水槽を清掃消毒して保健所管轄の検査を強制的に受けなければなりません。

以前は、各ビルのオーナーは予防保全という考えで、機器や配管が悪くなる前に早めに対処されることが多かったですが、現在はコストがかかるということで機器や配管がつぶれるまでメンテを、積極的に行わないというビルが増えつつあるのは、非常に残念です。

3. 工事編

3－2) 具体的な工事担当者の仕事

　新築工事、改修工事、修理工事により多少工事担当者の仕事は違いますが、新築工事担当者になった場合のやらなければならない作業を書きます。

（建築設備会社の担当者として）

a) 設計図の検討及び理解

　工事が決まったら、まず第一に設計図をよく見て理解しなければなりません。

　設計図には、特記仕様書と○○○標準仕様書に基づくと明記されています。設計図面に書いてなくても、標準仕様書に書いてある事を理解して、施工に反映させなければなりません。場合によっては、施工をやり直す必要が生じて大変な事になり、多くの無駄な時間と労力及び工事金が必要となってきます。

　疑問点があれば、発注者に質疑をし、回答をもらい確認する必要があります。

　中途半端な設計図面も有りますので、設備担当者としては設備ばかりでなく、建築図面や電気図面も理解することが重要です。

　後で詳しく書きますが、施工前に、施工計画書、施工要領書、施工図を作成して元請の会社、設計事務所の承認を得て施工にかかるのが、基本中の基本であります。

　特に突貫現場では、注意しなければなりません。

　承認を得て施工すれば、変更になった時は、追加変更金額を請求できます。

　どんな現場でも、施工中変更があります。追加変更金額に対して担当者は、上位の会社と値交を行いますが、折り合いが付かない場合もありますので、その為にも常に打合せ議事録を作成して、相手方にも納得させておく習慣が必要です。

23

人間は、すぐ忘れてしまいます。記憶よりも記録が大事です。

b）工事原価の検討

設計図を理解すると同時に現場担当者としては、工事原価を検討し実行予算を作成して、上司の承認を得て、各協力業者に発注しなければなりません。

具体的には、工事をスタートする前に、原価はいくらでいくら利益が出るかを予想し完成原価目標を立てて、施工をしなければなりません。

各会社の組織、やりかたによるが、資材調達部を入れた原価検討会を開催し、原価の低減に努力しなければなりません。

各会社共、特に資材業者との値交に際しては、単一現場ではなく、年間発注金額を考慮して、決めている会社が多いと思われます。

現場担当者は、工事原価の検討と同時に、資材業者、配管業者等を早急に上司と相談して決めなければなりません。

いつも思うのですが、工事を営業が受注して、即現場に入らなければならない場合が多いので、もうちょっと何とかならないものかと考えさせられます。

慌ててやる現場は、工事内容や工事原価を充分に検討できていないので、満足に工事を完成させるのに、苦労します。

c）工事工程の検討

資材業者、配管業者が決まるまでに、設備工事工程の検討に入ります。

ゼネコン下の工事では、もちろん建築工程が先に出てきますので、それに準じて設備工程を検討しなければなりません。中には、設備工程を考慮していない建築工程もあるので注意しなければなりません。

資材の納期も確認する必要があります。昔は各メーカー共大量に生産して倉庫に保管していましたが、最近は倉庫保管料節約の為、注文されてから生産する方法に変化してきています。現場担当者はメーカーに納

入仕様書の作成を依頼し、元請の会社に提出し、承認を得て、早めに注文し、納期を確認する必要があります。それと製品の部品が専門化し、各社メーカーも同じ専門業者工場で生産している場合が多くなってきています。

平成23年3月の東日本大震災が発生した時は、震災で工場がつぶれ洗浄便座の電子部品の供給ができず、各メーカー共製品として出荷ができませんでした。またエアコン各メーカーも電子部品が入らず、納期も何カ月もかかりました。その結果、稼動している現場も一時ストップした現場もありました。工事工程も作成に当たっては、協力業者の施工能力も検討して、無理の無い工程を作成する必要があります。

建物の種類や特殊建物によりますが、単独で先行できる作業は、早めに施工するのが良いと思われます。

赤字現場のパターンは、竣工前に無理な建築工程に合わす為、通常作業員の他に多くの応援作業員を呼んで、作業しなければならないので、予算オーバーします。

また、変更が多い現場も作業の後戻りが多く、費用がよけいにかかります。

d) 安全書類の作成

工事担当者は、自社及び協力業者の安全書類を作成確認して、元請会社に提出しなければなりません。

作成に当たっては、作業員の、住所、氏名、年齢、緊急連絡先、血液型や健康診断を定期的に受診して健康であることを確認しなければなりません。また作業により必要な資格を持っているか、持込電動機器があるか、火気使用があるのか等を確認して作業前に書類を提出します。

某ゼネコンの安全会議に出席して聞いた話ですが、現場が竣工して、しばらくしてから作業員が労働基準監督署にアスベスト被害を出されました。

労働基準署から、ゼネコンに連絡があり、色々調べましたが、作業当日その作業員の入場記録は無く、再調査確認の結果、作業責任者が、当日いい加減な別人の名前で出していた為に、ややこしい話になりました。結局、真相が判明して、ゼネコン、作業会社がきびしく指導されたという報告がありました。

　基本的な事ですが、安全書類は特に正しく正確に書く必要があります。

　最近は、ゼネコン各社共、現場に入場するまでに、事前にパソコン入力による労働安全書類に登録しなければ、現場に入場できないシステムに変わってきています。一度登録すれば、現場毎に、同じ書類を出す必要が無くなりました。

　現場に新規入場するには、各会社で、トレーナーによる送り出し教育を、事前に受けて新規入場時に提出して現場の安全責任者の確認を得る必要があります。

　また、最近の大型現場では、認証システムを取入れて、現場への入場をコンピューター管理する現場も多くあります。

e）現場内の仕事（実作業内容）

　現場に入ったら設備監督（番頭）は、何をするかといえば、私の経験から、まずは施工図の作成とスリーブ入れの段取りです。

①施工図の作成

　建築施工図を元に設備施工図を書き、電気設備業者等の関連業者との打合せを行い、パイプシャフトや天井内の収まりや配管ルート及び配管高さを決定して、施工図を修正完成させます。

　施工図ができたら、元請の会社と設計事務所の承認印をもらって、施工の準備をし、同時に床壁や梁のスリーブ図を書いて作業員（職人さん）に指示します。それに基づいて職人さんがスリーブ入れを施工します。

　スリーブ入れ後RC造の建物の場合、コンクリート打ち、養生、配管施工という順序で現場は進んでいきます。

3. 工事編

　配管施工前に、設備監督が他業者と充分に打合せ（取り合い）をして
なかったら、施工現場で配管をどの位置、高さで通すかで、もめること
があります。前にも書きましたが、ほとんどの現場はCADで書かなけ
ればなりません。大きい現場では専属のCAD要員が配置されています
が、現場担当者がCADを使えなければ、会社のCAD課に書いてもら
わなくてはならないので、大変不便で時間のロスも多くなります。

　何回も書きますが、CADの図面作成は、これからの設備監督には、
必須です。

②施工要領書（施工計画書）の作成

　施工するに当たって、材料はどれを使うのか、具体的にどういう方法
で施工するのかを明記した施工要領書を作成して、承認を得なければな
りません。設計図通り施工すれば良いが、設計図の特記仕様書にもあい
まいな表現の図面もあるので確認の為にも施工要領書は必要です。ゼネ
コン、サブコン共各社の標準施工要領書があります。

　その他、資材や機器も、納入仕様書を提出して、承認を得なければな
りません。

③作業指示

　施工図面を書いて、元請と設計事務所の承認がもらえたら、工程に基
づいて職人さんの段取りをして、現場内で作業指示をしなければなりま
せん。

　特に注意をすることは、打合せした方法で、適正な人員配置で、施工
要領書に準じていつまでに作業を終了しなければならない事を、正確に
職人さんに連絡しなければなりません。また、資材発注もしなければな
りません。

④安全指示

　現場に於いて設備監督の大事な仕事は、作業中の安全指示注意です。
職人さんは仕事に集中して、気づかずに危険作業をしている場合もあり
ます。設備監督は現場内を巡回して、安全に作業しているかを確認する

27

必要があります。

　現場内は、安全設備を完備していても、ヒューマンエラーによる安全不注意で事故を起こす事があるので、毎日の安全意識高揚が大切です。事故を起こせば、本人はもとより自分の会社や元請会社に多大な迷惑がかかります。

⑤毎日現場に於いての作業手順

　たいていの現場は、以下の順序で毎日作業は進められます。

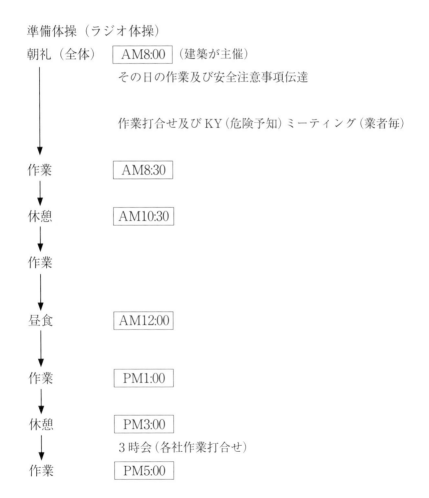

3. 工事編

　以上の毎日のサイクルの中で、設備監督は、図面を書いて打合せを行い、現場を巡回しなければならないので、非常に忙しく1日があっという間に、過ぎていってしまいます。

　現場作業に於いては、工事の変更指示が簡単に出てくるので、変更指示を早急的確に作業員に伝えなければなりません。また品質安全のトラブルが発生した時は、原因究明と対策に走りまわらなくてはなりません。

　大規模な現場以外は、1人で設備監督をしなければならないので非常にストレスがかかります。私の経験から経費もかかりますが、今後どんな現場も複数人で監督を行う方法等を会社側も考えるべきだと思います。

f) 現場担当者の心がまえ
①約束した時間は必ず守ろう。

　何事においても基本ですが、打合せ日時を決めたら、特別な事がない限り遅れないようにしなければなりません。現場内では、頻繁に打合せがあります。最近は携帯電話ができてから便利になりましたが、逆に昔より伝達が早く忙しくなったと思います。

　約束の日時に行けない場合は、早急に連絡するのがエチケットだと思います。時間にルーズな人は、現場監督失格です。

②書類、図面は早く書いて提出しよう。

　現場内工事変更に伴い、施工図等早急に変更しなくてはなりません。遅くなれば作業指示に間にあいません。

　書類も現場の作業日報他、安全指示書も毎日書かなければなりません。また各会社の社内書類も何かとたくさんあります。一度にすべてをやる事は無理なのでやらなければならない事を紙に書いて、優先順位を決めて確実にやる事です。やる事が一杯になれば、精神的にパニックになり、うつ病がちになり、よけいに仕事が進みません。

　自分一人では、解決しない問題が発生した場合、早く上司に相談して、指示を得るのが精神的にも一番いい方法です。

29

③仕事の段取りは、充分にしよう。

　新築工事、改修工事、修理工事に於いては、段取りにより決まってしまいます。

　特に時間に制約のある改修工事修理工事にあっては、材料が1個足らないだけで工事は完了しません。

　一般的に仕事は、"段取り七分、仕事三分"といわれています。

④会社の上司への報告、連絡、相談は、密にしよう。報、連、相です。

　各現場担当者は現場代理人として、会社を代表して行っていますが、あくまでも仕事は会社として請負っています。だから、現場内でのわからない事や悩みは、先輩や上司に早く相談して、適切なアドバイスをもらうべきです。

　自分ひとりで、何事もやろうと思うのは、大間違いです。

　会社の上司は、現場へ行き担当者をリラックスさせる為に、たまには夕食を一緒に食べて気軽に相談に乗るべきです。

　設備工事も建築工事の進み具合により、大きく左右されます。建築工事が遅れたり工期に間に合わす為に、突貫工事になってくれば、設備工事も通常の作業人数では足らなくなるので、応援作業員を段取りしなければならず、費用もかかって大変です。

　しかし、ほとんどの現場は、途中経過は色々と問題があっても、各社の努力の結果、不思議と工期内に完了しています。

⑤健康管理を充分にしよう。

　万事何事をするにも、体が資本です。まず自分自身の健康管理を行い、体の調子が悪いときは早めに病院に行って休むべきです。無理をすると後でみんなに迷惑をかける事になります。昔の建築現場は、1ヵ月に1日だけ休日という現場が多かったですが現在の新築現場は、毎週日曜日を定休日としている現場が多いです。

　設備監督は、毎日の朝礼時に、作業員の顔色をみて、具合が悪そうな者は、作業をさせてはいけません。

改修工事現場に於いては、土曜、日曜、祭日に作業をする事が多いので、平日に振替休日を取り、心と体を休めるよう努力するべきです。（なかなか休めませんが）

⑥現場が竣工したらやるべき事は？

現場が竣工して、やれやれと思っていたら、設備監督はまだやるべき仕事があります。

まず第一に、竣工図の作成です。竣工図は、後日現場を確認する上で、重要なので正確に書く必要があります。ほとんどは、設計図を訂正して、竣工図を作成します。

次に、機器類の完成図、取扱説明書、試運転調整記録書、施工写真、官庁届出書、各種検査記録書等を竣工図書として、ファイルにまとめます。引渡し時に、現場で、機器取扱説明を行って、管理される方に引継ぎます。

竣工図書を提出し、受領してもらえればやっと工事が完了します。

⑦その他

その他として、設備監督は、現場でのお金管理の仕事も有ります。具体的には工事進行に伴って元請けへの出来高請求と協力業者への支払い業務です。実務的には、会社での経理業務ですが、いくら請求、いくら支払いかを現場担当者は、調整判断しなければなりません。毎月の請求書期日に遅れたら1ヵ月入金が遅れ、自分の会社や協力業者のやりくりが大変になってきます。

昨今、どこの設備会社もはっきり言えば、儲かっていない会社が多いと思われます。

原価ぎりぎりで請け負っていますので、失敗（施工手直し）は、極力減らすよう努力しなければなりません。

4. 品質と安全について

　各ゼネコンもサブコンも工事の品質と安全について真剣に取組んでいます。

　各会社では、品質安全会議が月に一度開かれ、各現場の品質パトロール及び安全パトロール結果が発表され、社員と業者に品質安全教育がなされています。最近は、新築時元施工のゼネコン、サブコンが、改修工事や補修工事の仕事が出た時に受注できるとは、限りません。コスト競争です。安ければどこの業者でも良いという施主がほとんどで、数社の見積を取り比較検討して安くて信用がある施工業者を選定しています。まずは、顧客の信用を得て入札見積に参加できるよう頑張る必要があります。

　また各社共 ISO9001（品質保証規格）、ISO14001（環境規格）を取得して、品質環境向上に努力している会社が多いと思われます。

　安全については各社共、月に1回安全会議を通して、他現場の事故報告を聞き、毎月の安全目標を定めて、同じ事故を起こさないよう努めています。

　各現場に於いては、毎日朝礼が行われ、その日の作業内容の説明及び安全注意が全員に伝達され、その後、各業者毎に KY（危険予知）ミーティングを行い、その日の作業で何が危険かを確認してから、作業を始めます。

4-1) 品質について

　建築工事も設備工事も同じですが、コストを下げても品質は下げられません。

　その結果、はっきり言えば、右肩下がりの日本経済の中で、年々経常

益が少なくなってきています。（儲かっていません）しかし品質が悪ければ、即クレームという形で現れます。

クレームが発生すれば、たいていの場合無償で修復しなければならないので、金額面で大きな負担となるが、さらに施主や元請に迷惑をかけて、信用がなくなります。

私は、品質＝クレーム無しだと考えています。

次頁に具体的なクレームを列記します。

a) 漏水事故

設備工事でもっとも多いのが、漏水事故です。

たいていの場合、工事中の漏水ではなくて、工事完了後、何年か経ってから発生し、施主に迷惑をかけ、また施工不良が原因の場合、費用面で大問題になります。

漏水事故の原因は、設備監督の知識不足、管理不足もありますが、職人さんの慣れ及び技術知識不足、経験不足による場合が多いです。なぜなら、責任回避するわけでは無いが、設備監督は、ずっと一緒に作業に立ち会っていられないので、職人さん任せになるからです。しかし、漏水したのは全て職人さんの責任ではなくて、確認をしなかった設備監督の責任が充分にあります。

それでは、どうすればいいかと言えば、配管漏れテストを必ず実施し、自分の目で確認するのが最良の方法です。

配管の他には、組立式パネルタンクや機器も現場に据付完了後、水を張って漏れ無しを確認する必要があります。たまに施工不良や製品不良もあります。機器がたくさんある場合には、チェックリストを作成して、全て念には念を入れて、確認する必要があります。

①配管漏れテスト（圧力テスト）の基準の一例

各設計事務所、各社並びに関係機関により、テスト詳細は決まっているので、施工する前に、施工要領書で明記し、上位会社及び設計事務所

の承認を得て実施しなければなりません。

a. 市町村の直結水道管（圧力単位は、旧単位です。）

水道事業者の規定によるが、テスト圧 17.5kg/cm^2 で保持時間 60 分以上が標準と思われます。

b. 建屋内の給水管（高層ビルは除く）

揚水管及び加圧給水管は、ポンプ楊程の 2 倍または、ポンプ締め切り圧の 1.5 倍で保持時間は 60 分以上（水圧）。

高架水槽からの立ち下り給水管は、高さによるが、10kg/cm^2 で、保持時間は 60 分以上（水圧）。

c. 消火管（屋内消火栓、スプリンクラー消火管）

ポンプ締切圧の 1.5 倍で、保持時間は 60 分以上（水圧）。

d. 排水管

排水管は、満水テストを行います。保持時間は 30 分以上。

満水テストができない場合は、排水通水テストを行います。

＊満水テスト

排水管内を満水テスト器具を使って水を溜め、水が減らないかを確認します。

e. 空調冷温水管

最高使用圧力の 2 倍で、保持時間は 60 分以上（水圧）。

f. 空調冷媒管

高圧ガス取締法によるが、各機器に表示されている圧力で、半日以上（チッソガスを使っての気密テストを行います。）

g. 都市ガス

各ガス会社の規定方法により気密テストを行います。

ガス工事は、設計責任施工です。

②配管漏れテスト（圧力テスト）を実施する場合の注意点。

配管漏れテストをする場合も、注意しなければ、漏れテストによる漏水事故もたびたび報告されています。以下に私の経験から注意点を書き

4. 品質と安全について

ます。

a. 漏れテストは、必ず立会い人がいて、チェックしながら行うべきです。

・スプリンクラー工事の改修工事で、昼前に配管工事が完了して、水張りを行い、昼食を食べに外出し帰ってみると、天井から漏水して、床のジュータン等を濡らして漏水事故になったという報告がありました。（配管のつなぎ忘れが原因でした。）

・同じようなケースですが、新築工事で昼前に給水管水圧テストをかけて、昼食に出かけ現場に帰ってみれば、5階から1階まで、天井がすべてダメになったという事故報告もありました。（配管のプラグ忘れが原因でした。）

・某マンションの竣工検査で、ゼネコン担当者から当日流しの排水テストを行うので、各階の流し台に水を張るよう指示がありました。1箇所ずつ確実に水を張り給水を止めていけば、漏水事故が起こらなかったが、あわてて各階の水を同時に張ろうとして1ヵ所だけ、水を止めるのを忘れてしまった。その結果、忘れた流し台から水があふれ、下階へ漏れてしまい、竣工直前の天井床を取替える事故が起こってしまいました。
関係者に大迷惑をかけてしまいましたとの報告を聞きました。

・建築関係者の中には、夕方施工を終わって、帰る前に水圧テストをかけて、だれもいない夜間にテストをしたらどうかという人もいますが、絶対に夜間の水圧テストは厳禁であります。漏れていてもわからないからです。

b. 大規模な天井内配管の漏れテストは、先にエアーテストを行うべきです。

・某デパートの大規模スプリンクラー改修工事が有り、突貫工事で、竣工前に水張りを行う作業に応援に行きました。現場担当者と話し合い、漏れたら大変な事になるので先に、エアーテストを行

い、水張りをする事になりました。案の定、天井内からエアーの漏れている音が聞こえてきました。すぐに職人さんを呼んで、漏れ修理をして、再エアーテストを行いました。（深夜で他作業がなかったので、漏れ音がよくわかりました）

エアーで漏れ無しを確認後、こわごわ水を張った事もありました。今から思えば、エアーテスト無しに、直接水を張っていたら、大事故になっていたと思われます。本当は、天井貼り前に水圧テストを行うべきでありました。

c. 器具付け後、配管漏れを再確認する事

衛生工事の場合、配管漏れテスト及び器具付け後再漏れ確認を行う必要があります。

器具付けも正確な施工方法でやらなければ、漏れが発生します。

b）漏水を無くすにはどうすれば良いか。

漏水を無くすには、配管漏れテストを行うのは、当然ですが、その前に漏水を防ぐ正しい施工方法で、施工しなければなりません。

メーカー及び各社の施工方法の要領書を定めて、品質確保に努めています。

①ビニール管の接続

ビニール管は給水用耐衝撃性ビニール管（HIVP 管）や排水用ビニール管（VP）や管圧が薄い VU ビニール管等があります。施工方法も簡単で近年よく使われています。

施工の注意点は次にあげる 5 点があります。

＊配管に差込しろをマーキングをして、規定の接着材を継手内面と直管継手に塗り規定の長さ迄、さしこんだかを確認します。

＊継手をさしこんだら、すぐに手をはずしたらダメです。継手が抜けてくるので、配管サイズによりますが、じっと何十秒間もっておく必要があります。

4. 品質と安全について

＊継手と配管は、同じメーカーを使用する事です。規格は JIS 規格でき
　まっていますが、私の経験から、メーカーにより相性があると思いま
　す。（多少違いがあります。）

＊最近は、接着材の塗り忘れやさしこみしろ確認がよくわかる透明継手
　ができたので、大いに使用する方が安心と思われます。

＊ビニール管施工後、水圧テストは、すぐにやってはだめです。接着材
　の乾燥時間が必要です。新築工事の場合は、24 時間おいて、テスト
　をするべきです。

　改修工事の場合も、季節や配管サイズにもよりますが、できるだけ接
　着剤の乾燥時間 4 ～ 5 時間ぐらいをとって、水圧テストをやればいい
　と考えます。

②ビニールライニング鋼管の接続

　ビニールライニング鋼管は、鋼管の内部にビニール管を内貼りした鋼
管です。

　ビニールライニング鋼管は、給水用と排水用の 2 種類があります。

　給水用ビニールライニング鋼管は、給水用として、現在多く使われて
います。

　昔は、ネジ継手は、内部だけ塗装した管継手しかなかったのですが、
その後、管端コアができ、直管ネジ部の内部にさしこんで、継手にねじ
こんでサビが発生するのを防止する部品ができました。

　現在は、コア内蔵継手や電食防止の為のコア内蔵バルブが有り、施工
する場合は、必ず使用するようになってきました。

　施工の注意点は次にあげる 3 点があります。

＊管の切断は、高速砥石を使わず、のこ盤を使って直角に切る事。

＊ネジ切は、自動切り上げ式旋盤を使うが、サイズ毎に決められた使用
　回数毎にネジ切の刃を替えなければなりません。

　また、ネジゲージを使って、正しくネジ切されているかを確認する必
　要があります。

37

＊常識ですが、飲料用に適したネジ切切削油やシール材を使用しなければなりません。

③その他配管の接続

　その他配管材料としては、銅管、ステンレス管、耐火二層管、鋳鉄管、鉛管、近年マンション等の施工でよく使われている樹脂管等があります。

　管継手としては、ネジ切を必要としない可とう継手等があります。

　いずれも、管メーカーの施工方法に基づいて施工しなければ、漏水等の問題が発生しますので、注意しなくてはなりません。

c）腐食

　設備工事を施工するに当たって、施工監督は、腐食防止を考慮した施工方法を考慮しなければなりません。配管等に腐食が発生すると、即クレームとして、客先から苦情が出てきます。

①電食

　配管腐食（サビ）の中で、特に注意しなければなりません。

　電食とは、異種金属が湿気のあるところで接触すると、電位差が生じ、イオン化傾向が大きい金属が腐食するという現象です。

　具体的には、銅管の継手に鉄管をねじ込み配管する際に、何も考慮しなかった場合、使用していたら、だんだんと鉄管のネジ部が腐食してきて、漏水が発生します。

　この漏水を防止するには、鉄と銅の接触部に絶縁ガスケットを入れた絶縁フランジ、絶縁ユニオン継手等を使用します。

　また、銅管の管支持材は、鉄製にビニール被覆した支持金物を使用します。

　私の経験した現場の中で、こういう事がありました。

　某日、会社で事務処理をしていた時に、某銀行の本店5階男子便所で、突如天井から水が出て、大変な事になっているので、すぐに来てほしいと、連絡が有りました。

38

すぐに、駆けつけると、水は止まって天井からぽたぽたと落ちていました。

電気室の係員が、5階男子便所系統の給水バルブを閉めて、出た水を処理されていました。幸いに便所の床に床排水があったので、漏水被害は最小限に収まりました。

漏水原因は、給水銅管に鉄のプラグがしてあったので、何十年かして、電食を起こし、電食腐食の為、鉄プラグがぼろぼろになり、飛んでいました。

②電食以外の腐食（サビ）

a. 配管保温材

某施主から、屋上水槽廻りの配管がさびて、ぽろぽろになっているので、補修依頼が有り現場調査をしました。

調査をしますと、配管保温の鉄ラッキングがさびて、グラスウール保温材がむき出しで、給水塩ビライニング鋼管がさびて、あちこちで穴があく一歩手前でした。

私が考える腐食原因は、グラスウール保温材です。保温仕上げ材の鉄板も経年劣化でさびて、穴があき、そこから雨水が入り、グラスウール保温材を溶かして、溶けたグラスウールが給水配管の外面を腐食させたと考えます。

外部配管保温材には、スチロール保温筒＋ポリフイルムビニール＋ラッキングが良いと思われます。

但し、配管種類、流体温度により考慮する必要があります。

保温材カバーとしてのラッキングも、腐食を考慮して高価なステンレス、最近はガルバニウム鋼板等がよく使われます。

一番の注意点は、ラッキングの継ぎ目部分を充分にコーキングして、保温材に雨が入らないようにすることが大切です。

b. 配管のサビ

鉄系統の配管・管継手・支持金物等は、そのままにしておくと、

必ずさびます。

　さびなくする為に、配管のネジ部には、サビ止めを外部配管には塗装をします。

　塗装も劣化しますので、何年か毎に再塗装する必要があります。

　屋外の支持金物はステンレス製・亜鉛メッキ製（ドブ付け）を使用します。

c. 地中埋設及びコンクリート打込み配管の腐食

　配管工事施工に当たって、特に地中埋設配管やコンクリート打込み配管は特に気を使ってしなければなりません。建物が仕上がってから配管を修理するのに、多くの費用と時間がかかるし、施工も困難です。その為に前にも述べましたが、配管水圧テストは、完全に実施して、漏れ無しを確認することが大事です。同時に腐食対策も大切です。

　一般配管の場合は、塩化ビニール系防食テープを2回巻き、都市ガス配管はペトラタム系防食テープ巻き等で対処されてきましたが、最近は外面ライニング鋼管及び継手を使用される現場が多くなってきています。

　私も、マンションの改修工事で消防連結送水管の埋設配管が漏れているので、全て露出配管に改修した事があります。

d. 溶存酸素によるサビ

　屋内消火栓配管やスプリンクラー消火配管は、腐食の為に配管漏水補修をした事があまりありません。消火配管は、管理方法にもよりますが、年に2回程度消防放水テストを行っているだけで、管内の水入れ代わりも少ないと思います。但し、屋内消火栓の屋上についているテスト弁を水道蛇口の代わりに使用していた現場は、屋内消火管のネジ部が漏れてきたという事例や、テナントの出入りが多いビルで、スプリンクラー配管のサブ主管ネジ部から急に漏れてきたということを聞きました。

漏水の原因は、色々と有りますが、配管内の水を入れ替える毎に、給水管に含まれた溶存酸素が毎回注入されて腐食を進めたのも、一因と思います。

一般的に、配管内に水を入れたままにしておくと、管内の溶存酸素が水に溶けて酸化が進まず、腐食が進まないと考えられています。

d) 臭気

設備工事の不良が原因の臭気と自然の臭気があります。

①排水管のプラグ忘れによる臭気

某テナントビル　地下1階地上8階の建物で、地下1階の飲食店から臭いから一度調査して欲しいと依頼が有りました。

調査の結果、まさかと言う事がわかりました。

まず、地下1階飲食店の床点検口をあけると、すごい臭いがして雑排水が溜まっていました。それでバキューム車を呼んで排水を吸い上げて、ピットの中に入って、排水管を調べると、排水管の末端プラグが無く、そこからピットの中に排水が流れて溜り、臭気が発生していたと判明しました。

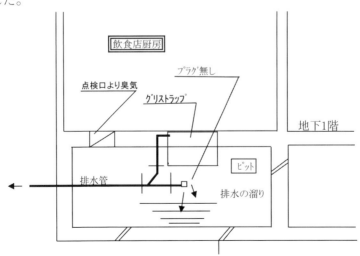

ピットを洗浄消毒して、排水管にプラグを取付けて、補修しました。

完全な新築当事の施工不良で、施主やテナント飲食店に迷惑をかけ、弁解の余地も無くいくら謝っても、大事な会社の信用をなくすことになりました。

②トイレが臭い

トイレ（便所）が臭い、汚いと思うのは、ひと昔前の話である。

近頃、駅のトイレも全国各地の観光地のトイレも寺院のトイレもリニューアルされていて、非常にきれいで、気持ち良いものです。

私も息子３人が遠方に住んでいるので、時々妻と一緒に出かけたり、西国三十三箇所寺院めぐりで、色々な寺院に行った時は、必ずトイレへ行き、トイレのきれいさに感激して帰ります。どこも、うまくリニューアル改修されていて、よく手入れもされています。

しかし、大阪市内の中規模ビルで設備管理者が居ないビルから、トイレが臭いとの苦情があったので点検に行くと、土間についている床排水金具のトラップ部に、水が無い為、封水切れを起こし汚水管の臭いがたちこめていました。

特に、冬場乾燥して、封水切れが起きやすいのに、管理者は水を補給しなければならない事を知らなかったのが原因でした。

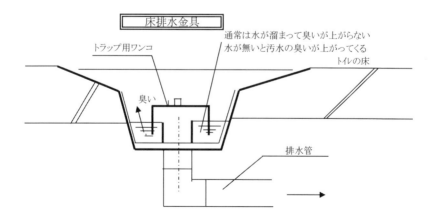

4. 品質と安全について

最近リニューアルされる事務所ビルのトイレは、床排水金具のある湿式から床排水の無いふきとり乾式トイレに改修される事が多いです。

e) 騒音

機械設備工事において、騒音はつきものである。

機械を設置すれば、当然運転時に運転音がし、特に屋外に設置した場合、周囲の建物に騒音で迷惑をかけないように、設置機械の低騒音化、運転時間の調整等を考慮しなければならない。騒音対策として、遮音壁等を設置している建物が多くみられます。

騒音防止法に基づき、規定値以上の送風機や圧縮機を設置する場合は、諸官庁に特定施設設置届け（騒音）を提出しなければなりません。

建物内においても、部屋の使用目的により、騒音対策、消音対策を行い、各部屋の基準騒音値以下になるように、騒音計算を行い施工対策を講じなければなりません。

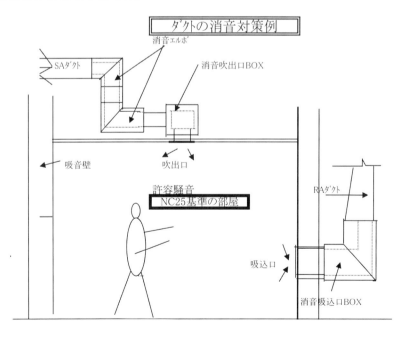

43

f）振動
　機械設備工事において、機器設置に伴う騒音と同時に振動に対する対策が必要です。
①機器（ポンプ、エアコン等）と配管
　常時動いているポンプやエアコン等回転運動している機器の設置の際は、スプリングやゴムを用いた防振架台を取付けて、機械の振動が床に伝わるのを減少させています。
　同時に、接続している配管に振動が伝わるのを減少させる為に、ゴム製、ステンレス製防振継手を取り付けている現場が多いのです。

ステンレス製防振フレキシブル継手

スプリング式防振架台

②機器（送風機、空調機等）とダクト
　送風機や空調機に於いても、回転運動している送風機の設置の際は、床置きの場合、スプリングやゴムを用いた防振架台を取付け、天井吊の

44

4. 品質と安全について

場合は吊防振ゴム等を用いて機械の振動がダクトに伝わるのを減少させています。

送風機等に、接続しているダクトに振動が伝わるのを減少させる為に、キャンバス継手を取り付けています。

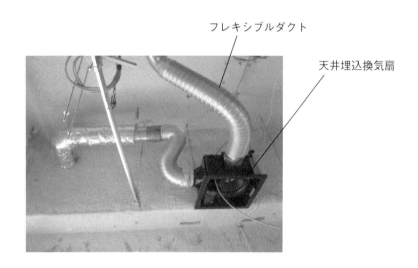

フレキシブルダクト
天井埋込換気扇

③地震対策としての防振施工

受水槽や建物の上階に設置している高置水槽は、架台やコンクリート基礎に頑丈に取付されていますが、接続している配管に地震の為の防振を兼ねた防振フレキシブル継手が必要です。地震時には、クッションとなり水槽本体と配管の損傷を最小限に抑える役目をしています。

4－2) 安全について

どんな業種、職種に於いても安全を最優先して仕事を行うという事は、どこの会社に行っても変わりはありません。

特に建設業は、常に危険を伴いますので本人と周囲の人の注意が必要です。

最近は、現場に於いて最高の安全対策をしていても、仕事をする人によるヒューマンエラーによる事故が増えています。

　また、事故が発生する前に、今日行う仕事の中に潜在している危険要素（リスク）を評価し対策をとる、いわゆるリスクアセスメントを取り入れた朝のKYミーティングがほとんどの現場で朝礼で行われています。

　現場に於ける災害は色々とありますが、以下に災害の一例を明記します。

a）墜落・転落災害

　建設業における死亡災害の中で、約40％をしめるのが、墜落・転落災害です。

　2m以上の高所作業よりも、低い所からの転落等が近年増えています。

　作業をする上で、脚立、立ち馬（可搬式作業台）、ローリングタワー、高所作業車が使われますが、特に脚立は手軽に使われています。

　ちょっとした不注意や気のゆるみで、事故は起こります。

　例えば、片手に道具をもっていた為に転落したとか、低い段から飛び降りて足をくじいたとか、脚立の天端で、安全帯（命綱）も使用しないで作業した為に、墜落し重大災害になった現場もあります。

　最近多くのゼネコンの現場では、脚立の事故があまりにも多いので、脚立の使用禁止、立ち馬のみ認めている現場がほとんどです。立ち馬上での作業でも、安全帯を使用しての作業が鉄則です。

b）熱中症

　夏になると、特に7月〜9月間に現場で発生する事故が熱中症です。

　特に高温で湿気の多い作業環境の下で、長時間汗をかきながら作業を続けていると発生してしまいます。

　また、体調の悪い時に、無理して作業をしていると、発生しやすいです。

　熱中症の対策としては、こまめな休憩と水分補給と塩分補給が大事で

4. 品質と安全について

す。一般的には、塩分やミネラルを含んだスポーツドリンクを飲むように言われています。

　現場内で、熱中症にかかった人を見つけたら、すぐに涼しい場所で、休憩させ、救急車を手配して、医師にみてもらう必要があります。

　素人判断で大丈夫と思っても、帰宅してから症状が悪化した例もあります。

　熱中症は、換気の悪い室内作業や日陰の無い屋外作業を行う場合は、特に注意をしなくてはなりません。

　熱中症になった作業員は、若い人でも、昨晩は遅くまで酒を飲んでいて、体調不良が原因だったという事故報告もあるので、日頃の体調管理が大事です。

c) ピット内作業の注意

　ピット内作業は、作業する前に技能講習を受けた酸素欠乏作業主任者が立会い酸素と硫化水素濃度を測定し、安全確認をしてから、作業しなければなりません。一歩間違えば、即死亡災害になる恐ろしい事故です。

　具体的に安全確認は、作業する前にピット内の酸素濃度測定及び硫化

47

水素濃度測定を必ず行う必要があります。（法規で決められています。）

＊酸素欠乏症
　空気中の酸素濃度は、通常21％含まれていて、欠乏すると目まいや意識喪失になり死に至ります。
　安全限界は18％と言われていますが、作業する場合は給気排気の換気設備が必要です。
＊硫化水素中毒
　硫化水素濃度が10ppmを超える空気を吸入すると、初期には目、胸痛や意識不明になり、悪化すると心肺停止となり死に至ります。

　私の経験から、新築工事や大規模な地下ピット内作業の場合は、事前に酸素と硫化水素濃度を測定して作業する事を常識としていますが、例えば、地下ピット内に設置の排水ポンプ取替工事が発注された場合、測定器具を持たない業者が安易に作業して、事故を起こしています。
　約20年前にも、現実としてピット内作業で排水水中ポンプを取替える作業で、作業員3人が犠牲になったと新聞で報道されました。
　ピット内作業は、作業監督も作業員も作業前の酸素濃度・硫化水素濃度測定を肝に銘じなければなりません。

d）火気作業の注意
　現場で火気作業する場合、特に既存現場内での火気作業は注意をしなければなりません。改修現場の場合は、まず火気を使用しない無火気方法で考え、どうしても火気を使用しなければならない場合は下記の注意を守らなければなりません。

4. 品質と安全について

火気使用作業の注意点

①火気使用作業届け

　　火気使用作業を行うには、事前に火気使用作業届けを提出し、ビル
の設備担当者や防災管理者の承認を得てから作業を行う事。

　　火気使用作業届けには、火気使用日時、作業場所、作業内容を正確
に記入し、関係者に周知徹底しなければなりません。

②火気使用方法

　　火気使用の場合は、火気使用廻りを防炎シートで養生し、消火器、
水バケツを作業する場所に置いて、常に使える状態にしなければなり
ません。

　　また単独での作業は禁止し、1人は火の番をしなければなりません。

　　火気作業している作業員は、作業に集中しているので、火の番はま
わりの状況を常に監視して、危険な時は、作業を止めなければなりま
せん。

③火気使用後

　　火気作業を無事終了したら、ビルの担当者に連絡すると同時に、現
場の火気確認をし、待機して1時間後、2時間後に、火気作業した場
所に異常が無いかを再確認しなければなりません。

　　約15年前に、某ゼネコンの改修現場で、扉の枠を溶接中、火花が
空調機の吸込口に入ってボヤになった事がありました。

④工事現場に於いての火気注意事項

　　最近は、世間一般どこに行っても、タバコの喫煙場所が限定されて
います。

　　昔の現場では、くわえタバコをしながら、歩いている人もおり、現
場のあちこちで、タバコ吸殻入れがありました。現場事務所の机に灰
皿を置いて仕事をしている人も多く見られました。

　　最近の現場では、全面喫煙禁止の現場や屋外の1箇所に喫煙場所が
設定されている現場もあります。

49

e) 電気災害の防止

毎年8月は電気安全月間です。

夏になると汗で皮膚が濡れて、電気を通しやすく、感電の危険性が高くなります。

電気災害を防止するには、どうすればいいかを列記します。

①現場への持込機器点検

現場への持込電気機器は、必ず使用前点検を行う。

具体的には、機器の絶縁抵抗を測定し、漏電断線等がないことを確認します。

検査に合格した機器には、点検シールを張り、点検台帳に明記して、現場で使用します。

また、使用コンセントは、漏電ブレーカー付コンセント及び漏電ブレーカー付電工ドラムを使用する。

なぜ、点検をしなければならないかと言うと、感電の心配と、特に改修工事の場合、建物の既存コンセントを使用させてもらっているので、不良電気機器の為に電気ブレーカーが落ち、他の電気使用者に迷惑をかけるからです。

昨今は、パソコンや通信機器を多く使っているので、事務所内の電源から、工事用電源を取出すのは極力やめて、機械室内から取出すようにしなければなりません。

②活線工事の禁止

電気工事（電気配線）を行う場合は、必ず元電源を切り、検電器やテスターで調べ、電気がきていない事を確認の上、作業しなければなりません。

設備工事の中でも、自動制御や空調エアコン関係で、電気配線工事を行います。

どんな場合でも、活線作業は絶対禁止です。

感電すれば、重大災害になります。

4. 品質と安全について

　つい最近も、電気工事で制御盤の工事中、活線作業をして顔に大やけ
どを負ったという事故報告もされています。

ｆ）第３者障害の防止

　建築工事も設備工事も、工事中に工事に関係が無い他人（第３者）に
危害を及ぼさないように、充分注意をしなければなりません。

　ニュースでも報じられましたが、マンションの塗装工事用足場が倒れ
死傷者が出たとか、高層ビルの現場から機材が落下したとかの事故があ
りました。原因は、安全の基本的な作業を怠った為と思われます。

　設備工事の改修現場に於いても、機材搬入搬出中、第３者にぶつけて
けがをさせないように注意をしなければなりません。

5. 実務資料編

　建築設備も段々と工事の省力化や簡素化が進められていて、建築材料も色々と変化しつつ、簡単に施工できるように考案されてきています。

　空調機器も省エネ及びコンパクト化され、内蔵制御盤はデジタル化されています。

5－1) 建築設備は、どのような材料を使用しているのですか。
　まず、材料についてですが、配管使用目的により、色々あります。

　A. 給水設備
①水道用硬質塩化ビニールライニング鋼管（JWWA　K　116）
　通称 VLP と呼ばれ、一般ビルの給水管によく使われています。
　構造は、鋼管の内部に硬質塩化ビニール管をライニングしています。
　VA、VB、VD の 3 タイプがあります。
　（VLP-VA　タイプ）
　　防錆塗装した配管用炭素鋼管（黒）の内面にビニール管をライニングした管で、特に指定がない限り、一般的に使われています。（管の外面は、茶色です）
　（VLP-VB　タイプ）
　　水道用亜鉛メッキ鋼管の内部にビニール管をライニングした管で、官庁物件で使用される事が多くみられます。
　（VLP-VD　タイプ）
　　防錆塗装した配管用炭素鋼管（黒）の内外面にビニール管をライニングした管で、土中埋設配管等に使われます。
　（VLP　管継手）

ネジ部腐食防止の為、常識としてコアー内蔵型管継手を使用します。

②水道用硬質塩化ビニール管（JIS　K　6742）

ねずみ色のビニール管で、継手には TS 継手を使用します。

現場内の仮設給水配管等に利用されます。

本工事給水配管には、あまり使われません。

③水道用耐衝撃製硬質塩化ビニール管（JWWA　K　118）

通称 HIVP と呼ばれる濃紺色のビニール管です。衝撃や外力に強く、ビルやマンション他ほとんどの建物に使用されています。VLP 鋼管に比べて安価です。

最近では、マンション等の給水管改修工事で VLP 配管から、HIVP 配管への更新改修がよくおこなわれています。

管継手の接着剤は、HIVP 専属のノリを使用します。透明ノリと白色ノリがあります。ノリのつけ忘れ防止確認の為、透明継手の使用を勧めます。

④銅管（JIS　H3300）

銅管の肉厚により、L タイプ、M タイプ、K タイプがあります。

管継手の接合方法は、サイズにより異なります。

15A 〜 40A までハンダ付け、50A 以上は銀ろうガス溶接になります。

腐食しにくく、昭和の由緒あるビル等によく使われています。私が現在メンテさせてもらっているビルも銅管が使用されていて、竣工してから 40 年以上漏水がありません。

M 型銅管は管厚が薄い為、経年後 L 型銅管に比べて漏水がおこりやすいです。

銅管を使用する時は、将来の事を考えて、L 型銅管を必ず使用することを強くお勧めします。改修工事の現場では、無火気工法としてメカニカル継手等もよく使われています。

⑤ステンレス鋼管

鋼管にクロムを含有した合金鋼です。さびにくく、耐食性も有ります

が、他の材料に比べて高価で、管の厚みにより色々な種類があります。

　使用する場合は、管継手を考慮して、適切な厚みのステンレス鋼管を選定する必要があります。

　ステンレス用管継手には、ねじ込み継手の他、プレス式継手（商品名モルコジョイントやナイスジョイント等）があります

⑥給水用鉛管

　かっては、水道メーターの接続管としてや、壁埋設給水管の配管材料として多く使われていたが、最近は、鉛が体に悪いということで、ほとんど使われていません。

　市町村の水道局では、各建物に給水引き込み管として、給水鉛管を使用していた箇所を水道用 HIVP 管に取り替えつつあります。

　弁類も鉛レスとか無鉛タイプの製品が作られてきています。

⑦水道用ポリエチレン管（JIS　K　6762）

　通称ポリパイと呼ばれ、黒くて固いゴム状のパイプで、給水用として13mm から 50mm まで使用されています。通常 30m,50m,120m とかの巻き物で売られています。

　施工が容易で、耐衝撃性も有り、建築現場の仮設トイレ等の仮設給水に多く使われています。

⑧合成樹脂管

　軽量で柔軟な為、曲げたり、切断が容易で、マンションとかの床上コロガシ配管に最近はよく使われています。

　ポリエチレンを材料にした合成樹脂管の架橋ポリエチレンパイプ PE とポリオレフィン系のポリブデン管が有ります。

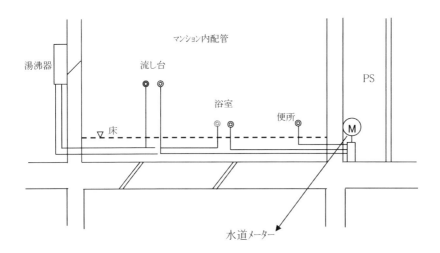

B. 給湯設備

　給湯設備に使われる材料は、給湯用銅管（L）がポピュラーで、他にステンレス鋼管給湯用硬質塩ビライニング鋼管（鋼管内部に耐熱塩ビ管をライニング）が使われます。

　銅管には銅管の外面を被覆した硬質、軟質タイプの銅管も有り、主に埋設配管に使われます。管接合は、配管サイズ40mmまではハンダ付け、50mm以上は銀ロウによるガス溶接配管となります。

　給水管と同様に、マンション等の床ころがし配管は、合成樹脂管が多く使われています。

C. 排水通気設備

①硬質塩化ビニール管（JIS　K　6741）VP

　VP一般管といわれるビニール管で、排水設備の主要材料であります。ねずみ色のビニール管で、排水用継手にはDV継手を使用します。

　DV継手は、排水用に勾配を考慮した継手で、接着材は専用ノリを使用します。ノリの塗り忘れ防止の為、青色着色ノリと透明継手を使用する事を勧めます。

②硬質塩化ビニール管（JIS　K　6741）　VU管

　ビニール管で、VP一般より肉厚の薄いのが、VU管です。

　コストがVP管より、安いので、排水用通気管で使用されています。

③耐熱性硬質塩化ビニール管（JIS　K　6776）

　通称HT－VPと呼ばれているビニール管です。管材表面は、赤茶色です。

　排水管としては、電気温水器を使う流し台等の高温排水用として使用されていますが、給湯管として使用される事もあります。メーカー規格によると、温度80℃まで使用できるとの事です。

　耐熱ビニール管を使用する場合は、使用温度によるビニール管の膨張、伸縮を考慮しなければなりません。マンション等の排水立管に使用する場合は、3フロア毎に、伸縮継手を使用しなければなりません。

　伸縮を考慮しなかった場合、竣工後何年後かに、配管が割れて大改修する必要が出てきますから、施工時には充分に検討して注意しなければなりません。特に埋設配管には、使わない方が良いと思われます。

④排水用鋳鉄管（JIS　G 5525）

　10年程前には、多くのビルの汚水配管として使用されていて、管接続方法も色々と変化してきました。昔は、ヤーン打込みの鉛ハンダ付けが主流でしたが、その後ボルトナットによるフランジ継手となり、現在はマンションの集合管排水管としてワンタッチ差込継手が使用されています。

40年前に施工の排水鋳鉄管立て管

ヤーン（麻糸）を巻いて、
打ち込み
鉛コーキング

56

⑤配管用炭素鋼鋼管（JIS　G 3452）

　亜鉛メッキした白鋼管が、昔から一般的に排水管として使用されてきました。

　洗面器排水及び流し台排水や雑排水配管として、継手は排水勾配を考慮したドレネジ継手が使われてきました。

　長所は、高温排水でも大丈夫な点です。短所は、経年劣化で、配管内部がさびて、特に排水勾配が悪い施工の場合、腐食が進み、取替の必要がでてくる事が挙げられます。

⑥排水用塩化ビニールライニング鋼管（DVLP）

　給水用ビニールライニング鋼管を排水用に改良された材料です。

　管の厚さが給水 VLP よりも薄く、軽量で大口径でも取扱が容易です。

　管が薄くて、ネジが切れませんので、継手としては、排水鋼管用可とう継手を使い、フランジボルトナットで施工します。メーカーにより通称 MD 継手とよばれています。

⑦耐火二層管

　防火区画貫通のビニール管の開発研究で生まれたのが、耐火二層管です。ビニール管の外側に繊維モルタルを被った配管です。

　当初、メーカーの創業者の名前をとって、トミジパイプと呼ばれていました。現在は、製造メーカーも数社できて、耐火二層管という名称で、各所の現場で多く使用されています。

　特徴は、鋳鉄管、鋼管に比べて安く、施工も楽で、保温工事も不要です。遮音性もすぐれています。

　注意点は、ビニール管と同様に伸縮が鋼管と比べてより多くあるので、伸縮継手を使い適切に支持金物を取付ける必要があります。

D. ガス設備

　白鋼管が主ですが、各ガス会社の施工基準に基づいて使用されています。

　例えば、大阪の場合、大阪ガス㈱の責任設計、施工でありますので、

施工基準に基づき、配管材料及び継手が決められています。

E. 空調設備

空調配管としては、機能優先で、配管が使用されています。

飲料水では無いので、配管内に防錆剤を入れて維持されている現場が多くみられます。

①冷却水配管

冷却塔と冷凍機への、往還循環配管です。

配管材料としては、配管用炭素鋼鋼管（白）が多く使われています。

また、配管内に防錆剤も入れて使用されています。

給水用塩化ビニールライニング鋼管（VLP）やステンレス鋼管を使った現場もあります。

②冷温水配管

冷温水熱源から各空調機器への、往還循環配管です。

配管材料としては、配管用炭素鋼鋼管（白）が多く使われています。

まれに、銅管やステンレス鋼管も使用されています。

③蒸気配管

蒸気ボイラーから、空調機器や貯湯槽への配管です。

配管材料としては、配管用炭素鋼鋼管（黒）が多く使われています。

亜鉛メッキしてない配管を使用するのは、蒸気の圧力にもよるが、蒸気温度が100℃を超えてメッキが溶ける為です。

④蒸気還り管

各空調機器から、蒸気還水槽への蒸気還り管です。

配管材料としては、配管用炭素鋼鋼管（黒）が多く使われています。

低圧蒸気管の還り管の場合、白鋼管を使う事もあります。

5. 実務資料編

5－2) 建築設備は、どのような機械や工具を使用しているのですか。

　建築設備を施工するに当たっては、色々な機械や工具が使われていますが、案外少なく、やはり建築関係は人力による施工が主だと思います。

①配管工事

　配管のネジ施工には、ネジ切盤（旋盤）が使われています。

　配管サイズも、15A から 150A までのネジを切る事ができます。配管施工業者ならば、必ず1台は、所有していると思います。

　その他に、のこ盤、アーク溶接機、ガス溶接機等があります。

②ダクト工事

　鉄板を切ったり、穴をあける工具の他に、コンピューターを使ったダクト板製作機が有り、難しい曲線のダクトも、簡単に作る事ができます。

③掘削工事

　コンクリートの床や壁に穴を開けるには、ダイアモンドコアドリルが使われます。刃先にダイアモンドが一部使われています。

　コアドリルを使って、穴を開ける場合は、事前に X 線検査やレーザー探査による埋設物調査をして、埋設物（電管や設備配管や鉄筋）が無いことを確認してから作業をしなければなりません。調査無しでコア抜きをやって、電線管を切断すれば、復旧が大変で、無駄な費用と時間がかかってしまいます。

　コアドリルが無い時代は、職人さんがチスとハンマーを使って、手ばつりで行い、芸術的な穴あけをおこなっていましたが、多くの時間と費用を要しました。

　また、屋外排水工事の際には、機械堀りとして、ユンボ等の機械が使われます。

④仮設工事

　現場に於いて、色々と仕事をする時に、準備する必要な資材があります。

　一番よく使われるのが、脚立です。3尺タイプから7尺タイプまであ

59

りますが、最近2m未満の脚立からの墜落、転落事故が多いので、多くのゼネコンでは、脚立の使用を禁止している現場が多くなってきています。しかし、既存建物内での改修工事では狭いところでの作業が多いので、脚立作業が主になります。

現在、ゼネコンでは、立ち馬という可搬式の手すりのついた脚立を使うように指導しています。

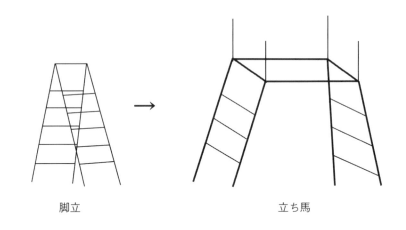

脚立　　　　　　　　立ち馬

高所で作業する場合、足場を組立てて作業しなければなりません。

ビデ足場

5. 実務資料編

　高所で作業する場合、ローリングタワーもよく使われましたが、最近は、色々な種類の高所作業車が使われています。決められた講習を受けて、運転資格をとらなければなりません。

高所作業車の一例

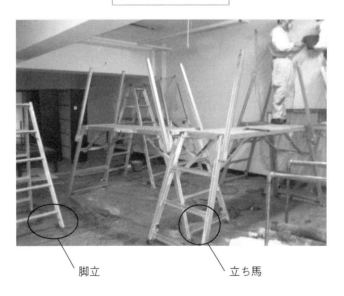

脚立　　　　　立ち馬

61

5 - 3) 基本設計実例

簡単で基礎的な空調衛生の設計実施例を紹介します。

A. 空調負荷計算

空調設備を設計するに当たって、最も基本的で大切な計算です。

動的熱負荷計算とかもありますが、ポピュラーな最大負荷計算方法を紹介します。現在は、パソコンソフトを使って、簡単にできますが、基本は同じです。

外気条件、空調する室内条件を決めて、冷房負荷、暖房負荷を計算します。負荷計算の熱量単位は、現在 KW/h 表示を使っています。

エアコンの能力表示も KW/h になっています。しかし、私のような昔人間は、なじみのある、つい前の熱量単位の Kcal/h で計算して、KW/h に換算して仕事をしています。（現在は SI 単位の W 基準で計算します）

換算値　1KW = 860Kcal/h　1KW=1000W

①外気条件

気象データの最高気温を参考にして、空調衛生工学会等で参考値が表示されています。また、各設計事務所、各会社で決めている場合もあります。

大事な事は、日本各地により外気温度は違うし、特に恒温恒湿等の設計には、余裕を持った外気温度で計算する必要があります。

外気条件（参考）

	乾球温度℃	湿球温度℃	関係湿度%
夏　季	34.0	27.0	58.4
冬　季	0.0	-1.8	70.0

＊参考外気温度　10 時　31.1℃　14 時　34.0℃ 16 時　33.1℃

②室内条件

　空調負荷計算をする場合、大体の目安として、下記の温度条件を使います。

　しかし、生産工場や病院の手術室や恒温恒室等の場合は、それぞれ指定の温度条件で計算します。

室内条件（参考）

	乾球温度℃	湿球温度℃	関係湿度%
夏　季	26.0	18.7	50
冬　季	22.0	15.3	45

③顕熱負荷と潜熱負荷

　冷房負荷と暖房負荷を計算するに当たって、温度が変化する時に使われる顕熱と空気の状態変化に使われる潜熱を計算します。

　顕熱　壁体、窓ガラス、照明器具、機器、人体、すきま風

　潜熱　人体、すきま風

（冷房負荷計算の一例）

a. 外壁よりの負荷（実効温度差）　顕熱

　以前は、相当温度差を用いて計算していたが、最近は実効温度差を使って計算しています。屋根の場合も、外壁と同じ計算方法で行います。

　　Qg=K × A × ETD

　　Qg　　　外壁よりの熱負荷　　　　W

　　K　　　　外壁の熱通過率　　　　　W/（㎡・K）

　　A　　　　外壁面積　　　　　　　（㎡）

　　ETD　　実効温度差　　　　　　（℃）

b. 窓ガラスよりの負荷（温度差）　顕熱

　　Qmt=K × A × Δ T

Qmt 窓ガラスよりの熱負荷 W

K 窓ガラスの熱通過率 W/（㎡・K）

A 窓ガラス面積 （㎡）

ΔT （外気－室内）温度差 （℃）

c. 窓ガラスよりの負荷（日射）顕熱

$Qmf = A \times Sn \times Sc$

Qmf 窓ガラスよりの熱負荷 W

A 窓ガラス面積 （㎡）

Sn 窓ガラス日射熱取得 （W/㎡）

各地により異なる。

Sc 窓ガラス遮蔽係数

d. 内壁（非空調）よりの負荷（温度差）顕熱

$Qn = K \times A \times \Delta T$

Qn 内壁よりの熱負荷 W

K 内壁の熱通過率 W/（㎡・K）

A 外壁面積 （㎡）

ΔT （外気－室内）/2 温度差℃）

e. 人体よりの負荷 顕熱

$Qjk = 人数 \times K$ W

人数 在室人員（不明の場合は、〇人/㎡で求める）
建物種類により、異なる。

K 1人当たりの顕熱量 W
建物や活動状況により異なる。

f. 人体よりの負荷 潜熱

$Qjs = 人数 \times K$ W

人数 在室人員（不明の場合は、〇人/㎡で求める）
建物種類により、異なる。

K 1人当たりの顕熱量 W

建物や活動状況により異なる。

g. 照明器具よりの負荷　　　　　　　　　　顕熱

　　Qd= ○ W/㎡×床面積　㎡　　　　　W

　　白熱灯の場合　　　　Q 白熱灯 =1.0 × Qd

　　蛍光灯の場合　　　　Q 蛍光灯 =1.16 × Qd

　　（安定器からの発熱により負荷が増加する）

h. パソコン機器よりの負荷　　　　　　　　顕熱

　　Qp　　　パソコン、プリンター等機器よりの発熱量　　W

　機器がわからない場合は、

　　Qp= ○ W/㎡×床面積　㎡で求める。

i. すきま風よりの負荷　　　　　　　　　　顕熱

　　Qsk =（Cp × ρ）×すきま風量（㎥/h）× Δ t℃ × 1000/3600

　　　　=0.34 ×すきま風量（㎥/h）× Δ t℃

　　　　　Cp　　　空気の定圧比熱　1.006kj/kg℃

　　　　　ρ　　　　空気の密度　　　1.2（kg/㎥）

　　　　　Δ T　　（外気－室内）温度差（℃）

　　　　　（1Kj=1000W　　1j/s = 1/3600 × 1j/h　1j/s=1W）

j. すきま風よりの負荷　　　　　　　　　　潜熱

　　Qss=（Av× ρ）×すきま風量（㎥/h）× Δ x（ g /kg(DA)）×1000/3600

　　　　=834 ×すきま風量（㎥/h）× Δ x

　　　　　A v　　空気の蒸発潜熱　2500kj/kg

　　　　　Δ x　　室内外絶対湿度差　（g/kg(DA)）

k. 外気取り入れによる負荷

　　顕熱、潜熱共、計算方法は、すきま風による負荷に準ずる。

（冷房負荷計算のまとめ）

1. 上記の方法で計算した熱量の総和で、室毎の負荷を計算する。

2. 計算時刻は、室の設置方位を確認し、最大負荷になる時刻で計算す
　る。

3. 建物としての冷房負荷は、各室の負荷を集計して、求める。

4. 冷房負荷計算に基づいて、冷房機器能力を決める場合は、外気温度、室内温度、冷房時刻等を再確認して、さらに余裕率を考慮して決定する。

（暖房負荷計算の一例）

冷房負荷計算と同様に計算する。

a. 外壁よりの負荷

b. 窓ガラスよりの負荷

c. 内壁よりの負荷

d. すきま風、外気取り入れよりの負荷

＊Δt℃温度差として、（室内温度−最低室外温度）を計算に使う。

＊外壁、窓ガラスの負荷計算に、方位負荷係数を掛けて計算する。

方位付加係数（参考）

北	0.25	南	0	西	0.20
北東	0.18	南東	0.05	北西	0.25
東	0.1	南西	0.10	屋根	0.25

＊人体や照明の熱負荷は、プラス側になるので、計算しなくてよい。

B. 衛生設備基本計算

衛生設備の基本は、やはり給水、排水設備です。

①給水量の計算

1日当りの予想給水量を算定します。

算定方法は、人員による方法や衛生器具による方法や建物用途別床面積による方法等がありますが、大抵は詳細が決まってない時に、計算するので、人員による方法が一般的だと思われます。

例えば、事務所ビルの場合

居室面積　1000㎡（延べ面積×55〜60%）

居住人員　0.2人/㎡

1人1日平均使用水量　100ℓ

1日平均使用時間　8時間

1日の使用水量（ℓ）

人間　1000 × 0.2 × 100ℓ = 20,000ℓ / d

空調補給水（冷却塔）　圧縮式冷凍機の場合　9ℓ/h・USRT

60USRTとして　60 × 9 × 8 = 4,320ℓ/d

合計　　20,000+4,320 = 24,320ℓ/d

毎時平均給水量

24320 × 1/8=3040ℓ/h

受水槽の容量

各市水道局基準値とする。

大阪市の場合　0.5日分を標準とします。

24,320 × 0.5=12,160ℓ

高置水槽の容量

毎時平均給水量の1時間分とします。3,040ℓ

②受水槽への水道本管からの引き込み管サイズ

水道引き込み管サイズは、各水道局へ打合せして、決定します。

計算方法も、各水道局により異なります。

概略方法は下記を参照してください。

許容動水勾配（摩擦抵抗）を計算し、管内流速が1.5m以内になるように管径を選定します。

$$I = \frac{H - (h1+h2+h3)}{m1 + m2} \times 1000$$

I　：許容動水勾配（摩擦抵抗）mm Aq/m

H　：水道本管の設計圧力　1.5Kg/cm^2 → 15m

h1 ：最遠の器具の必要圧力　m　ボールタップの場合　3m

h2 ：水道本管と最遠器具との落差水頭　m

h3 ：メーター等による損失　m

m1：対象配管長さ　m

m2：管継手、弁類の摩擦抵抗相当長　m

給水直結増圧ポンプ方式の場合の引き込み管サイズについて

前にも述べましたが、各水道局の基準に従い、検討し、水道局と打合せの上、決定されます。

大阪市の場合

集合住宅

BL 基準。マンションの戸数、住居人数に基づく計算方法。

集合住宅以外

給水負荷単位による同時使用率より、水量を求めます。

具体的な給水設備改修の検討を行います。

○○ビル　給水設備改修工事

1. 現状の給水設備
2. 加圧給水ポンプの検討
3. 水道直結増圧ポンプの検討
4. 高架水槽＋揚水ポンプの検討
5. 概算費用
6. 考察

1. 現状の給水設備

受水槽

有効水量　11㎥　FRP 製単板　2 槽式

寸法　2500 × 3000 × 2000H

揚水ポンプ

渦巻きポンプ　40 Φ× 100L/m × 40m × 2.2KW 〜 2 台

高架水槽

　　　　　有効水量　2㎥　FRP 製複合板　2 槽式
　　　　　寸法　2000 × 1500 × 2000H
　　　水道引き込み口径　　25mm

2.　加圧給水ポンプの検討
　　1）給水量の算定（各水道局計算方法によります。）
　　　　給水器具単位より、給水量を求めます。

給水器具	負荷単位	器具数	合計
大便器（FV）	10	8	80
大便器（FT）	5	2	10
小便器	5	6	30
洗面器	2	10	20
SK 流し	4	4	16
湯沸場	4	3	12
浴槽	4	1	4
厨房水栓	4	5	20

　　　　　　　　　　　　　　　　　　合計　192 単位

　　　　同時使用水量表より、流量を求めます。給水量は、330L/m と決
　　定します。
　　2）ポンプの揚程計算
　　　　ポンプの揚程＝実揚程＋配管損失＋器具の必要圧力
　　　　①実揚程　　B1F ～ RF の器具高さ迄　25.6m
　　　　②配管損失
　　　　　直管　60m　継手（相当管長）30 m　計 90m
　　　　50A で 330L/m　1m 当りの配管損失　180mm/m
　　　　0.18m × 90m=16.2m

③器具の必要圧力　ボールタップ　0.5K（5m）

①＋②＋③の合計　25.6m+18.2m+5m=48.8m 10%の余裕　54m

3）加圧給水ポンプユニットの決定（並列交互）

　　40 Φ × 330L/m × 54m × 3.7KW　3 Φ 200V

3. 水道直結ポンプの検討

　　水道直結増圧ポンプ方式にするには、水道引き込み管サイズの変更が必要です。

　　例えば、大阪市の水道メーター　口径規定は、下記の通りです。

メーター口径	瞬時最大給水量 L/m
25	60
40	240
50	450
75	666

本建物の場合、給水量 330L/m であるので、引き込み口径を 25mm から 50mm に水道本管から引き込み替えをしなければなりません。

1）直結増圧給水ポンプの給水量

　　加圧給水ポンプで計算した　330L/m

2）ポンプの揚程計算

　　加圧給水ポンプの場合

　　54m（揚程計算）→ 45 m（水道本管圧力考慮）

　　例えば水道本管の設計圧力が、2K（20m）の場合、減圧逆止弁、メーター損失を考慮して、決定する。

3）直結増圧給水ポンプの決定

　　自動交互　50 Φ × 330L/m × 45m × 3.7KW

4. 高架水槽＋揚水ポンプの検討

　　現在、特に運転上、問題が無ければ、既存と同じ仕様で検討する。

揚水ポンプ

渦巻きポンプ（ナイロンコーティング）

40 Φ× 100L/m × 40m × 2.2KW ～ 2台

高架水槽

FRP 複合板　2000 × 1000 × 1500H　有効水量　2㎥

耐震 1.5G

5. 概算費用

給水方式	概算費用（税抜き）
加圧給水ポンプ	￥2,600,000
給水直結増圧ポンプ	￥6,500,000
高架水槽＋揚水ポンプ	￥2,900,000

6. 考察

　給水設備を改修するに当たっては、衛生上給水直結増圧給水ポンプ方式が、最良でありますが、停電時、災害時には、即断水となります。

　また、大抵のビルでは、給水引き込み管をサイズアップする必要があるので、費用が大幅にかかります。

　給水設備を改修するに当たっては、管轄している各水道局と充分に打合せを行い、指示された計算方法で計算し、水道局へ工事申込書を提出し承認を得ることが基本です。

5－4）施工計画書及び施工要領書サンプル

　設備を施工する前には、工事の大小にかかわらず、施工計画書を作成して、元請に工事内容を確認承認してもらい、また作業者にも仕事内容を確認させるためにも施工計画書を作成提出する事が大切です。

A. 施工計画書のサンプル

○○ビル　湯沸し室リニューアル工事（設備工事）

施工計画書

平成○○年○月○日

○○工業株式会社○○支店

5. 実務資料編

工 事 計 画 書

目　　次

1　工事概要	P○	～	P○	
2　工事組織表	P○	～	P○	
3　工事内容	P○	～	P○	
4　作業手順	P○	～	P○	
5　仮設計画	P○	～	P○	
6　安全計画	P○	～	P○	
7　工程表	P○	～	P○	
8　施工図	P○	～	P○	

工　事　計　画　書

1. 工事概要

　(1) 建物名

　　　　○○ビル

　(2) 工事名称

　　　　湯沸し室リニューアル工事（設備工事）

　(3) 工事場所

　　　　○○市○○区○○町○丁目○番○号

　(4) 工事内容

　　　　本工事は、○○ビルにおいて、東館1F～5F湯沸し室の劣化
　　　に伴いリニューアル工事を行うものである。

　(5) 作業日及び作業時間

　　　　・作業日　　　平成○○年○月○日（土）～○月○○（日）

　　　　・作業時間　　AM8：30～18：00

　　　　（但し、作業時間等変更が有る場合は、事前に連絡し承認を受
　　　　ける事）

　　　　＊平日の騒音作業（アンカー打ち作業）について

　　　　　作業時間　　早朝～8：30まで

　　　　　　　　　　　昼休み　　12：00～13：00

　　　　　　　　　　　夜間　　　19：00以降

工　事　計　画　書

2. 工事組織表

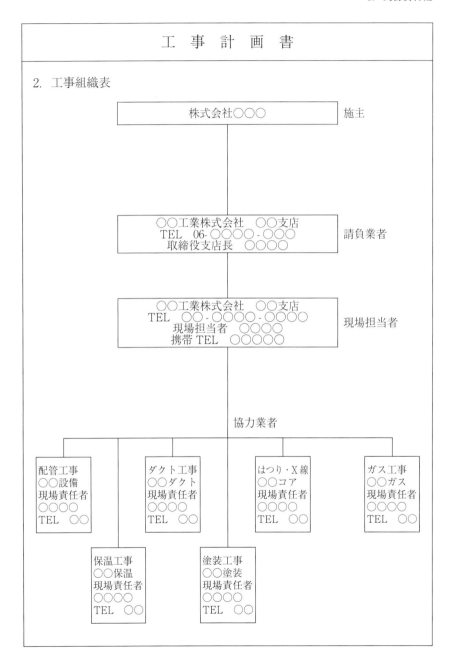

工　事　計　画　書

3. 工事内容

1) 配管設備工事

・流し台の更新に伴い、湯沸し室内の給水・給湯・排水配管更新を行う。（既設配管の内、銅管は再利用する。）

・配管材料

給水管　給湯管　　銅管（L型）

排水管　　　　　　排水用耐火二層管（VP）

・3F,4F,5F 湯沸し室用給水、給湯（往還）のバルブを天井内に取付。

・湯沸し室内の既設床排水金具は撤去する。

2) 流し台更新工事

既設流し台を撤去し、新設流し台及び吊戸棚を取付ける。

3) ガス工事

・湯沸し室内の露出ガス配管を撤去し、PS 内でプラグ止めとする。

・既設湯沸し器を撤去するが、5F のみ湯沸し器を新設する。

4) ダクト工事

・湯沸し室内の既存排気フードを撤去し、天井吸込口 HS300×300 を取付ける。

・5F のみ既設フードを再利用する。

工　事　計　画　書

4. 作業手順

　A　事前工事

　　2F 流し台撤去の為、1F ボイラー用給水管を盛替える。

　　ガス配管及び湯沸し器撤去を行う。

　B　撤去工事

　　給水、給湯、給湯還管の元バルブを閉にし、流し台撤去搬出を行う。

　　天井面取付の火災感知器、ガス感知器、照明器具を一時撤去保管する。

　　排気フードの撤去は、天井材撤去後行う。

　C　はつり工事

　　X 線及びレーダー探査で埋設物チェックの上、はつりコア抜きを行う。

　D　配管工事

　　はつりコア抜き後、各階毎に既設配管を撤去しながら、新設配管工事を進める。

　　支持金物アンカー打ち作業は、休日及び平日早朝に作業する。

　　配管工事完了後、水圧テスト及び排水流水テストを行い、漏れ無しを確認する。

　　水圧テスト完了後、給水、給湯管の保温工事を行う。

　　建築仕上げ工事完了後、流し台及び吊戸棚を搬入据付し、器具の取付を行う。

　E　ガス工事

　　5F のみ瞬間湯沸し器 5 号の取付及び配管工事を建築仕上げ後、行う。

　F　ダクト工事

　　天井撤去後、既設フード、チャンバー。FD を撤去し、新たに吸込口用 BOX 及びダクト工事を行う。

工　事　計　画　書

5. 仮設計画
 （1） 廃材置場
 　　B2F 機械室の一角に、廃材仮置場の使用をお願いします。
 　　バリケードを設置して、養生シートで養生し、廃材置場を明示します。
 （2） 工事関係車両の駐車場
 　　通常は、場外有料駐車場に駐車します。
 　　ガス工事及び残材搬出時は、B1F 駐車場に、駐車をお願いします。
 　　（ビル玄関入口で、届けを出し、許可を得る事）
 （3） 作業員の休憩場所
 　　屋外（有料）駐車場を喫煙場所として、使用させていただきたい。
 　　B2F 機械室を休憩場所として、使用させていただきたい。
 （4） 作業員のトイレ使用
 　　B2F 便所を使用させていただきたい。
 （5） 作業時間
 　　平日作業　　AM8:30 ～ PM6:00
 　　平日騒音作業（アンカー打ち等）　AM6:00 ～ 8:00，PM7:00 以降
 　　但し、上記時間帯以外に作業を行う場合は、事前にビル側に届出、承諾を得る事。
 （6） 工事用電源
 　　工事用電源として、通路に設置しているコンセント電源からの使用を許可願います。
 　　（コンセントには、ビリビリガード、電工ドラムは、漏電ブレーカー付を使用します。）
 （7） 養生
 　　作業時は、各階湯沸し室前を養生し、作業後は、養生撤去清掃を行う。

工　事　計　画　書

6. 安全計画

基本方針

安全は全てに優先するを基本とし、関連法令及び規則を遵守すると共に、現場作業環境の改善に努め、災害事故の絶無を目標として、安全計画を実行する。

(1) 送り出し教育

現場に入場する前に、各会社で責任者が、作業員に教育する。

教育内容は、現場での作業内容、作業場所、現場状況についての知識を事前に把握しておく。

現場に新規入場する場合は、送り出し教育受講済みの書類を現場責任者に提出し、確認を受ける。

(2) 新規入場者教育

現場に初めて入場する時は、必ず現場安全衛生責任者より教育を受ける。

現場の状況、作業の進み具合、特に注意する安全通達事項、休憩場所、作業員が使用できるトイレの場所の説明をうける。

新規入場者教育の書類に、健康状況、健康診断、緊急連絡先を記入して、本書類が間違いない事を署名して、現場責任者の確認承認を受ける。

(3) ツールボックスミーティング

当日の作業をする前に全体朝礼後、現場責任者は、協力業者に対して、作業連絡を行う。その時にKY（危険予知）活動を行い、作業に伴う危険予知を予測して、対策を全員で考え、周知させる。

工　事　計　画　書

(4) 電動機器及び工具の安全点検

1) 電動機器、工具などは使用前に必ず点検し、多少に拘わらず、不備な点がある場合は、使用しない。

2) 電動機器を現場に持込むときは、事前に確認した上で、持ち込むものとする。

   (現場の責任者により、持ち込み検査を受け、機器台帳に記録してもらい、確認シールを機器に貼り付ける。)

3) 電動機器・工具類の点検項目

   A. 電動機器

   ① 絶縁抵抗値は充分か

   ② 手元スイッチ制御回路などは、安全か

   ③ キャブタイヤコードを使用しているか

   ④ アース線を備えているか。3芯になっているか。

   ⑤ 外観的損傷及び電線の露出部はないか。

   ⑥ ヒューズ容量は適正か

   ⑦ 回転部分にカバーは有るか

   ⑧ ボルトナットにゆるみはないか

   ⑨ 操作ハンドル、レバーの作動はよいか

   B. 工具

   ① パイプレンチ等の歯部に磨耗はないか

   ② ハンマーの柄は大丈夫か

   ③ モンキー、パイプレンチ等の送りネジに破損はないか。

5. 実務資料編

工 事 計 画 書

(5) 安全作業の遵守

1) 保護帽、安全帯（命綱）は、着装し、足場上並びに脚立上の作業の場合、必ず使用する。

2) 立ち馬による高所作業を行い、脚立を使用する場合は、現場責任者の許可を得て使用する。

3) 作業場は、手元、足元、周囲を明るくして作業する。

4) 仮設電源は、指定されたコンセントより取出し、ビリビリガードを取付ける。

5) 電動工具の電線は、3芯のキャブタイヤコードを使用する。

6) 室内の作業では有るが、熱中症に注意し、適時休憩と水分補給を行い、各自、体調管理をしながら作業する。

7) 火気を使用する場合は、前日までに、火気使用作業届けをビル側に提出し、許可を得て作業する。作業時は、許可証を明示し、水バケツ、消火器を設置する。また、火気作業周囲の天井に感知器等があれば、養生し、管理センターに連絡しておく。

8) 火気使用後は、周囲の状態をよく観察し、1時間後に、再確認し、火の気が無い事を確認して、作業を終える。

9) 作業開始前には、作業場所を養生し、作業後は後片付け及び清掃を毎日励行する。

7. 工程表

	○/○(土)	○/○(日)~ ○/○(水)	○/○(土)	○/○(日)~ ○/○(水)	○/○(日)~ ○/○(水)	○/○(日)~ ○/○(水)
仮設工事 (現場養生、什器移設)	■					
撤去工事 (器具及び建築関連)		■				
はつり工事			■			
配管工事				■		■
保温工事				■		
建築工事 (壁・床・天井)					■	

工程表作成に当たっての注意点

1. より効率的に考えて、無理の無い工程を作成する事。
2. 平日作業できるならば、できるだけ平日に作業させてもらうように打合せする事。休日作業になれば、コストが高くなります。
3. 上記と同様に、昼間作業できるならば、昼間作業を行う工程を作成する。夜間作業になれば、仕事の効率が落ち、コストも高くなります。
4. 建築会社の下で行う工事は、建築工事主体の工程表を作成する事が多いので、建築工程が作成されたならば、設備工程も作成し、建築担当者と充分に打合せる事。

   大抵の設備赤字工事は、建築の工事が遅れて、最後に設備会社にしわ寄せが来て、突貫工事になり、応援の作業員を呼んで、予想外の工費 UP になり、現場が竣工後、下請会社がつぶれるというケース

が多々あるので、充分に注意する事。

8. 施工図（元請の場合）

施工するに当たっての確認図であるので、わかりやすく詳細に書き、施主の承認を必ず得る事が重要であります。承認無しで、勝手に工事を進めた場合、変更や手直しが生じる事もあり、さらにコストがかかり、客先にも迷惑をかけてしまいます。

施工図の内訳

1. 建築仕上図　　　　　　　　（床・壁・天井）　　　　各階平面図
2. 配管図　　　　　　　　　　各階配管平面図、詳細図
3. 機器及び器具の承認　　　　　　　　　　納入仕様書を提出して、承認を得ます。

設備の図面は、もちろん建築仕上図に基づいて作成し、他業者とも充分に打合せを行い、できるだけ早く作成する必要があります。

B. 施工要領書のサンプル

施工するに当たって、具体的に詳細に書く必要があります。各会社毎に施工要領書が有ると思いますが、施主及び設計事務所の特記仕様書があるので注意する必要があります。本来、施工要領書は、各作業に対しての基本確認事項でありますので、作業する人（職人さん）にも、指導徹底するべきです。

　　○○ビル　新築工事　給排水設備工事　施工要領書
　　　　目　　　　次
1. 基本事項について
2. 使用材料について
3. 管接合方法について

4. 管支持について
5. 配管の勾配について
6. 弁類の取付位置について
7. 配管の壁貫通について
8. 配管試験基準について
9. 保温及び塗装工事について

1. 基本事項について
   a）施工仕様の優先順位について
      1）施工現場の見積書（質疑応答記録書も含む）
      2）設計図
      3）特記仕様書（施工現場に対して）
      4）共通仕様書（日本建築家協会、国土交通省、○○設計事務所等）
      施工する際には、優先順位を考慮しなければならないので、最初に
      明記する必要があります。
      　一般的に優先順位は、1）　2）　3）　4）となります。
   b）材料の選定について
      　原則的には、設計図によるが、用途及び周囲環境を考慮し、耐圧・
      耐熱・耐火・耐食において必要とされる使用条件に適合する材料を選
      定します。
   c）管の切断と接合について
      1. 材料の加工は目的に応じ、適切な方法で行います。
      2. 配管内の流れに支障をきたさない接合方法とします。
      3. 接合箇所から腐食が起こらないように、処置をします。
      4. 配管からの漏れが生じないようにします。原則として、ユニオ
         ン継手は使用しません。
      5. 接合箇所が充分な耐圧、機械的強度を保つようにします。
      6. 機器の取り外しが容易に撤去及び復旧ができるように、フラン

ジ継手を設ける等の処置を考慮します。

d）配管応力について

　重力、運転時にかかる力による過大な局所応力を防ぐ為に、必要な数の配管曲部を設ける等の処置を行い、同時に管支持方法を考慮します。

e）配管温度膨張について

　配管温度膨張対策として、配管曲部を設け、必要に応じて伸縮継手を取付けます。

f）配管防食について

　耐食性のある材料を選定するのは、もちろんですが、配管継手、支持金物については、充分な防食処置を行います。

　異種金属の接合には、特に電食防止絶縁継手を使用します。

g）配管勾配について

　自然流下の排水等は、滞留が生じないよう、十分な勾配を設けます。

　但し、汚水排水等は、汚物の滞留が生じる事の無いように、適切な勾配を設けます。

　給水・給湯配管等についても、空気溜りが生じないようにするために勾配を設け必要に応じて、自動エア抜き弁を設けます。

h）配管口径及び損失水頭について

　原則的には、設計図通りであるが、施工図の段階で、確認検討します。ポンプ等の損失水頭も計算して、再確認します。

i）機器廻り配管について

　機器の操作、点検、修理等が容易に行えるように、スペースを確保します。また、弁類の取付位置も留意する必要があります。

2. 使用材料について

a) 管材料

	用途	管名称	備考
給水管	市水引込管	水道局の指定材料	
	一般給水	水道用硬質塩化ビニールライニング鋼管 VLP（VA）	
給湯管	給湯	銅及び銅合金継目無管	L型
排水管	汚水管	耐火被覆二層管（VP）	VP
	雑排水管	耐火被覆二層管（VP）	VP
	屋外排水管	硬質塩化ビニール管（VP）	VP
	ポンプアップ排水管	排水用タールエポキシ塗装鋼管	
通気管	通気	硬質塩化ビニール管（VP）	VP
消火管	屋内消火栓管	配管用炭素鋼々管（白）	SGP
ガス管	ガス	管轄ガス会社の指定材料	

5. 実務資料編

b）管継手

	用途	管名称	備考
給水管	市水引込管	水道局の指定材料	
	一般給水	水道用硬質塩化ビニールライニング鋼管継手（コア内蔵型）	
給湯管	給湯	銅及び銅合金継目無管継手	L型
排水管	汚水管	耐火被覆二層管（VP）継手	VP
	雑排水管	耐火被覆二層管（VP）継手	VP
	屋外排水管	硬質塩化ビニール管（VP）継手	VP
	ポンプアップ排水管	排水用タールエポキシ塗装鋼管継手	
通気管	通気	硬質塩化ビニール管（VP）継手	VP
消火管	屋内消火栓管	配管用炭素鋼々管（白）継手	SGP
ガス管	ガス	管轄ガス会社の指定材料	

＊排水管の継手は、原則として大曲り継手を使用します。

c）弁類

圧力単位は、旧単位で表示しています。（kg/c㎡）

現在での圧力単位表示は、Mpa です。（換算値　1Mpa=10kg/c㎡ です。）

	用途	弁名称	備考
ゲート弁	市水引込管	水道局の認定もしくは検査合格品	
	一般給水	JIS10 kg/c㎡（コア内蔵型）	50 A以下 ねじ込み
	給湯	JIS10 kg/c㎡（無鉛）	
	排水ポンプ	JIS10 kg/c㎡	
	消火ポンプ	ポンプユニット付属品	
チャッキ弁	給水ポンプ	スモーレンスキーチャッキ弁（ナイロンコーティング）	
	給水管	JIS10 kg/c㎡（スイング式）	
	排水ポンプ	カウンターウエイトチャッキ弁	

d）その他弁類

1　ストレーナー

（給水用）口径 50A 以下　青銅製ねじ込み（コア内蔵）

2　フレキシブル継手

（給水用）　　　SUS 製フレキシブル

（消火用）　　　SUS 製フレキシブル　消防認定品

3. 管接合方法について

	用途	接合方法	備考
給水管 （VLP）	市水引込管	50A 以下　ねじ込み接合 65A 以上　フランジ接合	
	一般給水	50A 以下　ねじ込み接合 65A 以上　フランジ接合	
給湯管 （CuP）	給湯	32A 以下　軟ろう接合(Hソルダー) 40A 以上　硬ろう接合(ガス溶接)	
排水管	汚水管	着色接着剤（VP 用）	
	雑排水管	着色接着剤（VP 用）	
	屋外排水管	着色接着剤（VP 用）	
	ポンプアップ排水管	50A 以下　ねじ込み接合 65A 以上　フランジ接合	
通気管	通気	着色接着剤（VP 用）	
消火管	屋内消火栓管	50A 以下　ねじ込み接合 65A 以上　フランジ接合	
ガス管	ガス	管轄ガス会社の施工基準による	

4. 管支持について

1) 横引管の支持

管種 ＼ サイズ		20A ～ 40A	50A ～ 65A	80	100	125	150
ライニング 鋼管	支持 (m)	2.0	3.0	3.0	4.0	4.0	4.0
	吊金物 (mm)	9	9	9	9	12	12
鋼管	支持 (m)	1.5	2.5	2.5	3.5	3.5	3.5
	吊金物 (mm)	9	9	9	9	12	12
耐火被覆 二層管 （VP）	支持 (m)	1.2	1.5	1.5	1.5	2	2
	吊金物 (mm)	9	9	9	9	12	12
ビニール管	支持 (m)	1.2	1.5	1.5	1.5	2	2
	吊金物 (mm)	9	9	9	9	12	12

2) 立管の支持

管種 ＼ サイズ		20A 以下	25A ～ 50A	65A ～ 80A	100	125	150
ライニング 鋼管	支持ヵ所	各階 2ヵ所	各階1ヵ所				
鋼管	支持ヵ所	1.5 m 以内		各階1ヵ所以上			
耐火被覆 二層管 （VP）	支持ヵ所	1.2 m 以内		各階1ヵ所以上			
ビニール管	支持ヵ所	1.2 m 以内		各階1ヵ所以上			

3) 配管の支持位置

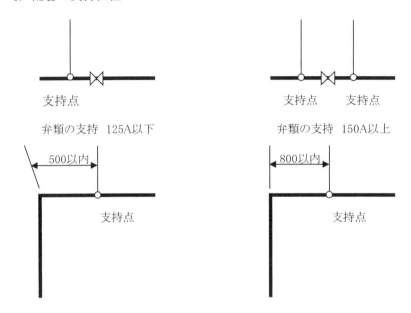

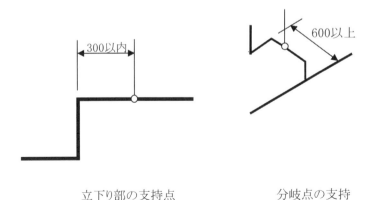

4) その他

　銅管を支持する場合は、電食防止の為、ゴム等の絶縁緩衝材を入れた支持金物を使用する事。

5. 配管の勾配について

　1）衛生配管の勾配基準は、原則として下表によります。

　2）給水配管

　　勾配が確保できない場合は、空気溜りや水抜きに配慮して、配管施工の事。

　3）汚水配管

　　勾配がつきすぎると、水だけ流れ汚物が残って、うまく流れないので注意します。

配管種別	勾　　　　配		
給水管	上向き給水→先上り 下向き給水→先下り		1/250 1/250
給湯管	給湯管　　上向き循環→先上り 　　　　　下向き循環→先下り	重力循環 ポンプ循環	1/150 1/200
	返湯管　　上向き循環→先下り 　　　　　下向き循環→先上り		
屋内排水管 （汚水・雑排水）	配管サイズ　80A 以下 配管サイズ　100A 以上		1/50 1/100
通気管	先上り勾配		1/100
屋外排水管			1/100 〜 1/200

6. 弁類の取付位置について

　1）配管に取付の場合

　　各階便所・湯沸場系統に取付ける弁類は、FL ＋ 1200 〜 1500 を標準とします。

また、PS 内に取付ける場合は、点検口の高さと大きさにも注意します。

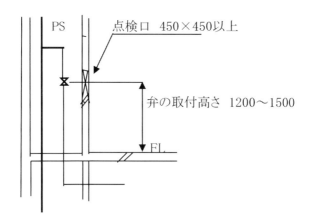

天井配管に弁類を取付の場合は、当然の事であるが、天井点検口を設けます。

天井点検口の扉内面に弁類の系統名を表示します。

点検口も意匠の事もあるが、後でメンテできる場所を優先とするのが、重要です。

2）機器類（ポンプ等）に取付の場合

弁類の取付高さは、床上より 1200 〜 1500mm を標準とします。

機器類の更新を考えて、機器の前後に弁を取付けます。

3）水槽廻りに取付の場合

受水槽の場合、所轄水道局と打合せの上、弁類の配置を決めて、施工する事。

4）その他

水道メーター等の器具を取付の場合、将来取替を考慮して、器具の前後にバルブを取付の事。

（メーター等の 2 次側にバルブが無い場合、水抜きが大変です。）

7. 配管の壁貫通ついて

1) スリーブ　箱入れ工事

　　スリーブ　箱入れとは、建築工事で床・壁のコンクリートを打つ前に、配管を通す穴を確保する為に、紙ボイド、ビニール管を壁、床に取付ける作業であります。

　　スリーブの材料は、紙ボイド、ビニール管、鉄板スリーブ、鋼管スリーブ、ツバ付スリーブ等が有り、防水層や外壁貫通の場合は、ツバ付スリーブを使用します。

　　設計図の特記仕様書に明記されている場合もあるので、注意します。

スリーブサイズの一例

配管口径	通気管等保温無配管	給湯等保温有配管
15A	50A	65A
20A	50A	80A
25A	50A	100A
32A	80A	100A
40A	80A	100A
50A	100A	125A
65A	100A	125A
80A	125A	150A
100A	150A	200A

＊配管施工の準備工事であり、現場のスタート工事であるので、注意します。

＊施工配管の材料及び保温厚により、スリーブサイズは、異なります。

＊特に排水管のスリーブ工事は、勾配を考えた施工図を書いてから、現場で指示しなければなりません。

5. 実務資料編

スリーブの取付要領書

スリーブ工事は、RC造の場合、建築の型枠工、鉄筋工と合番でやらなければならないので、スリーブの取付タイミングが難しいし、設備屋にとっては、わずらわしい事もありますが、重要な作業であります。特に昔の現場においては、取付に当ってのトラブルも見受けられました。最近の現場では、型枠工にスリーブ取付を依頼する現場もあります。

現場においての施工順序は、下記の通りです。

1-1）壁にスリーブ取付の場合

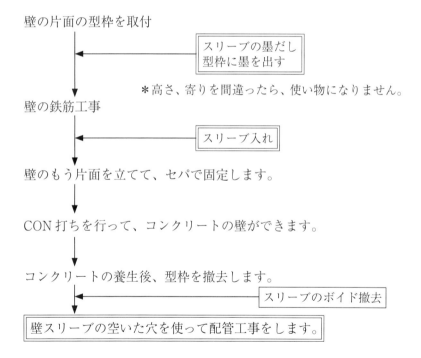

95

スリーブ取付図

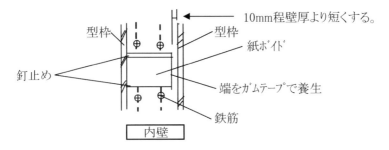

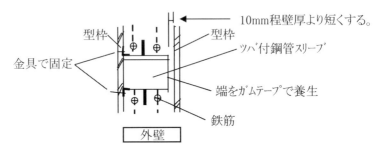

＊スリーブ取付の際、鉄筋はできるだけきれいに曲げて、空間を作って取付けます。
＊80A以上のスリーブを取付ける場合は、開口部を鉄筋補強します。（大抵は、建築工事で行います。）

1-2）床にスリーブ取付の場合

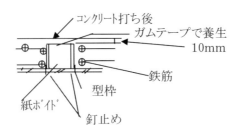

1-3) 梁にスリーブ取付の場合

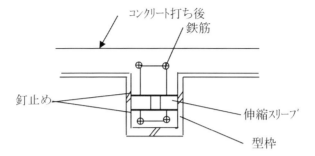

＊実際、現場では鉄筋工と打合せて、合番でやらなければ難しいです。

2) 改修工事の場合（壁床の貫通方法）

　既存建物に配管工事を行う場合、壁の貫通、床の貫通が必要な場合があります。

　昔は、手ばつりで穴をあけていましたが、現在はダイヤモンドコア抜き機械を使って、必要な大きさの穴あけができるようになりました。

　下記の注意点が重要です。

①コア抜きの前には、必ず床壁のＸ線レントゲン事前調査を行い、電管等の埋設物が無いか、鉄筋が無いかを確認しなければなりません。

②電管はもちろん、鉄筋があった場合は、穴あけ位置を変更して、鉄筋を切らない位置を再検討して、元請の承認を得てから、穴あけを行います。

　私も昔、Ｘ線検査をしないで、電気担当者も大丈夫だと言われた位置にコア抜きをしたところ電管をかすった経験があります。間一髪でした。

　他現場では、銀行の便所改修の際に、床をコア抜きして、警察通報の電管を切ってしまい、パトカーが飛んで来たという事故や自火報の埋設配管を切り、ビル全体に非常ベルが鳴り響き、パニックになったという事故例も聞いています。

現在建物の耐震を考慮して、鉄筋を切る場合は、鉄筋補強が必ず要求されます。

3) 壁貫通要領（配管工事）
　壁貫通

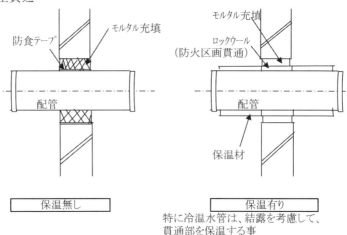

　床貫通
　　基本的に壁貫通と同じ仕様である。

　　外壁貫通

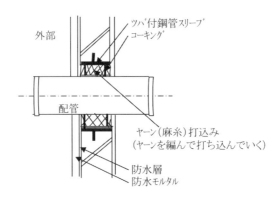

5. 実務資料編

8. 配管試験基準について（4-1 品質にも書いています）

配管種別	配管系統	試験種別	圧力	保持時間	判定基準
給水給湯	市水直結給水	水圧	17.5k	60 分以上	圧力の低下が無い事
	揚水管	水圧	ポンプ揚程の 2 倍以上	60 分以上	圧力の低下が無い事
	高架水槽以下	水圧	10k	60 分以上	圧力の低下が無い事
屋内消火	屋内消火（連結送水管共用）	水圧	17.5k	60 分以上	圧力の低下が無い事
排水	排水管	満水	区間毎	60 分以上	水面の低下が無い事
	ポンプ UP 管	水圧	ポンプ揚程の 2 倍以上	60 分以上	圧力の低下が無い事

※圧力単位は旧単位で、現在は MPa で表示します（1MPa ≒ 10kg/cm²です）。

配管試験要領

1. 配管試験は、保温工事を行う前に、埋設配管は埋設する前に試験を行う。
2. 配管試験は、水圧テストを行う前に、低圧でエアーテスト漏れ試験を行う。

　改修工事や突貫工事の場合、エアーテストを行ってから、水圧テストを行えば、安心です。エアーテストをやっていて良かったという経験は、何回もあります。

3. 配管試験を行う場合に、規定以上の圧力をかけられない空調機のコイル等があるので、バルブを閉にして行う等の検討が必要です。
4. 配管試験は、できるだけ規定時間以上行う事。

　わずかな漏れは、すぐには、わかりにくいです。

9. 保温及び塗装工事について

1) 保温材料の使用区分

	天井内・パイプシャフト	機械室・倉庫	屋内露出 (一般居室)	屋外露出
給水管 給湯管 排水管	A	B	B	C

A　アルミ箔付グラスウール保温板＋カラー亀甲金網

B　グラスウール保温筒＋難燃原紙＋ガラスクロス仕上

　　(昔は、綿テープ仕上が標準であった。)

C　フオームポリスチレン保温筒＋鉄線＋ポリエチレンフイルム＋

　　カラー鉄板

　　(屋外露出にグラスウール保温筒を使っている現場が多いが、水

　　が入ってグラスウールが配管を外部腐食している現場も多い。)

　　水が入る原因としては、配管の上に乗って、ラッキングがつぶ

　　れて、すきまができるからである。フオームポリスチレンは、

　　固いので、つぶれにくい。

2) 保温材料の厚さ

給水・給湯・排水の場合

管径	15A ～ 80A	100A ～ 150A
保温厚　mm	20	25

3) 保温範囲 (保温しない部分)

1. 衛生器具の付属品と見なされる配管

2. 給水ポンプ及びポンプ廻りの弁及び防振継手

3. 水槽のオーバーフロー、弁以降のブロー管

4. 地中及びコンクリート埋め込みの給水管、排水管

4) 塗装工事

最近は、屋内機械室等は、配管塗装しないという現場が多くなってきています。

屋外配管は、サビ止め及び腐食防止の為、塗装します。

調合ペイント塗り亜鉛メッキ面（白鋼管）素地ごしらえ　方法

	工程順序	処理方法
1	汚れ・付着物撤去	スクレーバ、ワイヤブラシ等で除去
2	油類の除去	揮発油ふき
3	化学処理	エッチングプラーマー　1回塗り

塗装仕様

塗装箇所	塗料	塗装回数		
		下塗り	中塗り	上塗り
亜鉛メッキ鋼管 支持金物	調合ペイント	1	1	1

＊下塗りは、エッチングプライマーとする。

5－5）見積書作成について

　見積書作成は、設備屋にとっては、重要な仕事であります。施主から施工を依頼されるには、見積書を施主に提出して、値段交渉をして請負金額を決定し、施工業者に発注されるという方法になっています。

　以前は、その建物の新築時の元請施工業者が、後々、改修が出た時も当たり前のように、改修工事を受注できました。

　今は、請負金額により何社かの入札見積を徴収し、金額、施工内容を吟味し、施工業者を決定するという方法になってきています。主は、金額で決まります。

　昔、色々と無理をしてもらったからという、義理人情が無くなってきています。

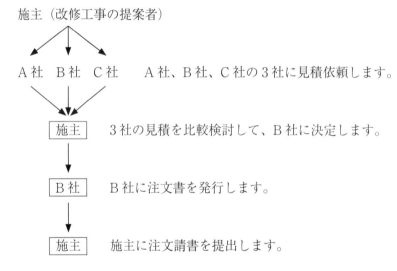

以上の手続きを行って、工事の受注が決定します。

＊以降、施主の工事担当者と打合せして、工事日程を決定します。
＊工事の施工計画書を提出して、承認をもらい、やっと施工できます。

官庁物件では、公平性の観点から随意契約は少なくなってきて、施工能力のクラスを指定して、入札が行われます。

A. 見積書作成手順

1) 材料拾い

　一般的にクズ拾いとも呼ばれ、設計図面から、配管長さ、機器等を読み取り材料拾い用紙に記入して、集計します。

2) 業者（メーカー代理点）への値段紹介

　ボイラー、冷凍機、ポンプ、ファン、タンク、弁付属品等は、見積毎に、業者へ問合せて自社へいくらの金額で納入できるかを確認しなければなりません。

　昨今は、段々と値上げされることが多いです。

＊資材業者によりますが、取引相手により、かなり差が有る場合もあります。（年間の取引高に大きく左右されます。）

＊大抵、値引率が決まっていて、標準価格×○○％と決められています。

＊都市ガスの配管工事施工金額は、統一されていますので、原則的には、どこのガス業者でも同じ見積金額が出てきます。

3) 工数の考え方

　どこの業者でも、各社の見積基準書が有り、社員の誰が見積を作成しても会社として同じ金額が出るように決められています。

　パイプやバルブの価格と共に、工数が各社毎に決められていて、各社のノウハウとなっています。

　例えば、50mm のビニール管 1 m を施工するのに、工数は決められていて工数×1 工数の金額で、工費は、○○○円となります。

　官庁物件も工数が決められていて、公表されている官庁も有ります。

4) 原価と提出金額

　原価には、以下の費用が含まれています。

①機器の価格　業者と打合せ値交の金額

②配管材料費

③工事業者に支払う予定金額

　（配管工事、ダクト工事、保温工事等）

④運搬交通費

⑤会社経費

現場を管理していく為の人件費及び設計費用（大抵はトータル×○○％）

事務経費（社会保険等の補助）

提出金額は、原価をよく検討考慮して、決めなければなりません。

価格がきびしい昨今では、原価以下での、受注が多くなってきています。

5）見積書作成

材料拾いした集計表、機器の価格を見積書用紙に書き込んで、集計を計算し、見積書を作成します。

6）見積外事項及び見積条件の明記

提出見積書には、この作業は見積外とか、このように考えて見積をしています等、見積条件を付記しなければなりません。

発注金額がきびしい昨今では、特に明記して後で、施主に迷惑をかけないようにしなければなりません。

B. 見積書サンプル

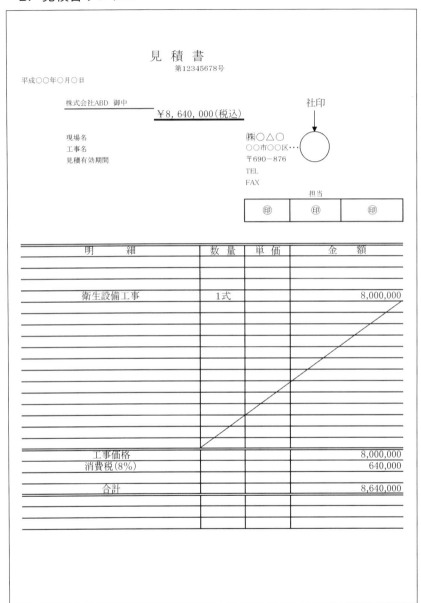

	明　細	数　量	単　価	金　額		原価
	衛生設備工事					
1	給水設備工事	1式		1,500,000		
2	給湯設備工事	1式		500,000		
3	排水通気設備工事	1式		2,500,000		
4	衛生器具設備工事	1式		1,000,000		
5	屋内消火栓設備工事	1式		1,000,000		
6	ガス設備工事	1式		1,500,000		
	合計			8,000,000		
	株式会社○△○					

5. 実務資料編

	明　　細	数　量	単　価	金　額	原価
1	給水設備工事				
	内訳				
	揚水ポンプ(渦巻き型)	2台			
	40Φ×150L／m×40m				
	×2,2KW　3Φ200V				
	OS防振装置共				
	受水槽　1.0G	1台			
	FRP製単板　2槽式				
	2m×(1+1)m×2mH				
	平架台(亜鉛メッキ製)				
	組立費共				
	高架水槽　1.5G	1台			
	FRP製複合板　2槽式				
	1m×(1+1)m×1.5mH				
	平架台(亜鉛メッキ製)				
	組立費共				
	給水メーター(直読式)　25A	1台			
	弁類	1式			
	ゲート弁　JIS10K　20A	2個			
	ゲート弁　JIS10K　50A	2個			
	チャッキ弁　JIS10K　40A	2個			
	塩化ビニールライニング鋼管(VLP―VA)20	5m			
	塩化ビニールライニング鋼管(VLP―VA)50	10m			
	管継手類	1式			
	管接合材料	1式			
	管支持金物	1式			
	消耗品雑品	1式			
	配管工費	1式			
	保温工事	1式			
	塗装工事	1式			
	基礎工事	1式			
	堀方埋戻工事	1式			
	株式会社○△○				

明　　細	数　量	単　価	金　額		原価
箱入工事	1式				
水道局申請手続費	1式				
運搬交通費	1式				
現場雑費	1式				
諸経費	1式				
1－計					
株式会社　○△○					

見積外事項

1. 事務所、作業所の築造及び使用料（ゼネコンの下請の場合、不要）
2. 電気、水道、ガスの仮設工事及び使用料
3. 一般足場工事
4. 鉄骨梁貫通スーブ工事（材工共）
5. 開口部の鉄筋補強（材工共）
6. 地中埋設部の障害物撤去工事
7. 機械基礎工事（構造体補強共）
8. コンクリート水槽築造工事
9. 雨水排水設備工事（ルーフドレン〜立管）
10. 建物外壁に取付のガラリ
11. 天井、壁取付器具用開口及び下地補強工事
12. ドアーガラリ工事
13. 各種点検口築造工事
14. 市水引き込みに伴う負担金。
15. 排水放流に伴う負担金。
16. 電気工事一切。

5-6) 設備工事チェックリスト（新築工事の場合）

A. 着工前（工事が決定したら）チェックすること

No.	チェック項目	確認
1	図面、特記仕様書、質疑回答書を理解したか。	
2	見積書と図面をみて、工事区分（建築、空調、衛生、電気）を理解したか。	
3	実行予算書を作成して、原価を理解できたか。	
4	機器、資材の見積を取り、実行予算におさまるか検討したか。	
5	同様に、工事業者の見積をとり、業者の選定をしたか。（各社によるが、資材部門が業者を決定する場合が多い。）	
6	建築工程を参考に、自社の工程表作成をしたか。（自社工事が、先行できるなら、先行工程表を提出）	
7	施工計画書及び施工要領書の作成準備ができたか。	
8	メーカーリストを作成して、納入仕様書の作成準備ができたか。	
9	必要な官庁届けの提出時期を確認したか。	
10	施工図は、ＣＡＤ課で応援してもらえるか。	
11	機器の納期を確認したか。資材業者の担当者名確認。	

＊大抵の現場は、工事が決まったら、すぐ現場へ入って、作業しなければならない現場が多いです。

＊すぐにスリーブ入れを必要とされる。（地中梁等）
慌てて設計図をみて、簡単にスリーブ入れを行うと、後で使えなくて問題になる場合もあるので注意する。

5. 実務資料編

B. 着工中（工事がスタートしたら）

No.	チェック項目	確認
1	建築の月間工程表、週間工程表の確認。	
2	自社の月間工程表、週間工程表を作成して、建築と打合せ。	
3	打合せ議事録を作成。（打合せ相手に文書で渡す） 特に設計図の変更があった場合、いつ、だれと打合せしたかを明記する。	
4	施工写真作成。（特に隠蔽部は必ず撮ること）	
5	配管の材料、継手は、納入仕様書通りか。	現地確認
6	配管ルートをチェック。電気室、コンピューター室、ELV室内を貫通していないか。	〃
7	配管勾配は良いか。	〃
8	ネジ接合部のシール材は間違いないか。	〃
9	パッキンの材質は、間違いないか。	〃
10	配管の接続間違いはないか。	〃
11	配管の支持方法、支持間隔は良いか	〃
12	配管の漏れテストは、実施したか。	〃
13	バルブの取付位置、高さは良いか。	〃
14	シャフト内の配管、バルブのおさまりは良いか。	〃
15	点検口の取付位置、高さは良いか。	〃
16	機器の搬入日時は、決定承認されているか。	〃
17	納入仕様書通りに、機器は搬入据付されているか。	〃
18	ボルトナットは、堅固に、取付けられているか。（配管、ダクト、機器）	〃
19	機器の試運転調整の記録は残しているか。	

＊現場担当者は、必ず自分の目で確認すること。

111

C. 竣工後

No.	チェック項目	確認
1	完成図書の内容は確認できているか。	
2	竣工検査の手直しはできたか。報告書はできているか。	
3	竣工図面、施工図面の修正はできているか。	
4	機器の完成図及び取扱説明書は集まっているか。	
5	施工写真はまとめているか。	
6	官庁提出書類は作成提出し、副本は戻ってきているか。	
7	メーカー及び工事業者の緊急連絡先リストはできているか。	
8	予備品リストはできているか。	
9	工事費の精算はできているか。（工事担当者の重要な仕事です。） 現場の変更・追加による工事費の増減見積を提出、値交して金額を決定してもらい、請求書を提出する。	

6. 現場施工クレームについて

4-1) 品質についての項目で、特に多いクレームを列記しましたが、その他に私が経験したクレームや各所の安全協議会で発表されたクレームをまとめてみました。いずれのクレームも、基本を忠実に守り、ちょっとした注意をし、客先元請に確認承認を得るだけで防げたクレームも多くあります。

①施工した配管材料の間違い

　某マンション新築工事現場の設計事務所の中間検査で、使用管材が違うとの指摘があった。設計図では、排水用ビニール継手になっていたが、施工されていたのは、一般用給水ビニール継手を使用していた。

　また、別の現場では、耐火二層管使用と明記されているのに、ビニール管を使用して、客先からクレームが来た。

　いずれの現場も現場担当者が、客先や元請の変更承諾無しで施工したのが間違いだった。前にも書いたが、やはり施工変更する前に文書を提出して承認を文書で、残すことが重要です。担当者がコストや施工のやりやすさを考慮して、自分だけで判断するのは、大間違いです。

②配管施工間違い

　新築ビルの工事で、上水給水と雑用水給水が同じサイズで、同じHIVP で床に立ち上がっているのを、間違った器具に接続した。便器排水洗浄には雑用給水を、おしり洗浄水には、上水給水を使用するはずであったが、引き渡し前の検査で、逆接続がわかり、全館の器具確認を行った。

　間違ったまま使用していたら、クロスコネクション等の衛生問題も発生したと思われます。

③配管施工忘れ

　品質と安全のところで、明記したが、漏水事故が度々起こる現場もあります。

　大規模な既存ビルの衛生改修工事で給水配管施工完了後、水圧テストの為、水張りをしたら、下階の事務室天井から漏水して、客先に迷惑をかけました。また、同じ現場で排水管施工完了後、排水通水テストを実施したらまた、天井から漏水した。いずれも配管の一部の未接続が原因でした。

　この現場は昼夜間工事なので、責任者や作業員の引継がうまくいっていなかったのも、要因と考えられます。

　最近は、携帯電話やスマホを持っての作業時に、電話がかかってきた時に作業を止めて、電話後途中の作業を忘れてしまって、別の仕事をして施工忘れを起こしてしまう作業員もいると思います。

　以上のことは、作業する人が責任を持って行うという気持ちが重要です。

④天井内での施工ミス

　某ビルで、天井内のスプリンクラー管を撤去中、誤って平行に施工されていた都市ガス管を切断してしまった。管材は、両方共白鋼管であったが、明らかに確認注意不足であった。以降この現場では、事故防止の為、天井内の配管を色別して、事故防止に努めている。具体的には、消火系統管を赤色に都市ガス管を黄色に全館塗装しなおしました。

　別のクレームとしては、やはり天井内で、既設消火管を撤去切断中に隣の医療ガス配管を切断してしまった。大事故につながるミスであります。多分、単独作業をしていたと思われるので、複数作業で、作業前にミーティングを行い、確認してから作業を行う必要があります。

⑤改修工事に伴う床はつりコア抜き作業

　改修工事の配管工事には、コア抜き工事が必要です。30年ぐらい

前には、事前にコア抜き箇所のレントゲン検査を行わずに、コア抜きした現場もありました。その結果、床コンクリートに埋設していた感知器電管を切断してしまい、全館に火災警報が鳴り響き、客先に迷惑をかけたこともありました。

現在ではどんな現場でも、事前にレントゲン検査を行い、検査結果を現場現地で、鉄筋、電管の位置を明示し、元請確認の上、コア抜き位置を決定し施工を行っている。特に世間でも大問題になったが、マンションの壁コア抜き工事で、鉄筋を切断して、マンションの建替えも要求されている。

今では、埋設している鉄筋を優先して、改修プランを変更することが常識となってきています。但し、これだけ注意して作業しても、レントゲンの見落としや、重なりにより、コア抜き事故も発生している。

⑥施工後の確認ミス

既設ビルで、揚水配管工事を施工する際に、揚水ポンプの電源を切って作業し、作業終了後、揚水ポンプの電源を入に復旧するのを忘れ、翌日施主から、全館断水になっているとの怒りの連絡がありました。

揚水ポンプに限らず、機器の電源を切にしたり、機器のバルブを操作した時は、必ず現場責任者は自分の目で、作業前の状態に復旧したかを確認することが責務です。

まだまだ色々なクレームがありますが、いずれも作業前の確認や気のゆるみの無い作業をすれば、少しでもクレームの発生を防げると思います。

7．私の設備経歴

入社のいきさつ

私は、昭和47年3月に大阪工業大学機械工学科を卒業して、すぐにS工業㈱東京支店に入社しました。

大学時代に、精密機械製図の実習で、コンパスを使って、1mmの円を書くのに苦労して、こんな仕事には向いていないなあと実感しました。

また、父親が某銀行支店の機械室ボイラーマンをやっていたので、なんとなく建築と機械の中間の仕事（設備）に興味がありました。

大学4年次に、卒業研究と卒業設計の2コースが有り、私は、安永教授指導の空調設備設計を選択して、色々と指導してもらい、卒業設計を無事完成させてなんとか卒業できました。

大学で掲示されている求人票を見ると、建築設備業界は、給与もさることながら賞与が年間12ヶ月という会社もありました。

すごい業界だと思って、入社試験を受け、合格しました。勤務希望地は、大阪、京都、神戸でしたが、みごとにはずされて東京勤務になりました。

入社前に景気がよかったのは、昭和45年の大阪万国博覧会があって、建築業界が最高の時だった事が、後でわかりました。

東京支店に入社してみて

私が入社してからは、オイルショック等もあり、業績も下降気味になり、段々待遇も悪くなり、良いことが少なくなってきました。

私は入社して、設計部空調課に配属されました。最初の仕事は、コピーの青焼きでしたが、失敗しました。今では、青焼きコピーはめったに見受けられませんが、鉛筆で書いた原紙とコピー用紙を重ねてコピー

機にさしこんで、1回転して、原紙だけをすばやく取出して、用紙だけは現像液にひたって、出てくるというしくみでした。

運悪く、原紙とコピー紙がひっついて、原紙もまきこんでしまい、原紙もぬれてしまい、その図面が上司の書いた図面でした。えらい事になりました。もちろん大謝りしましたが、とりかえしがつかない状態になりました。時間も無く、その図面がそのまま提出されました。

こんな大失敗もしましたが、みんなで温かく指導してもらい、1年目から銀行の支店の空調設計を空調計算から、設計図完成迄1人で担当させてもらい、打合せにも行かせてもらいました。

社内では、同じく神戸からきている○○君と会話をしていると、先輩から2人が話をしていると、漫才を聞いてるようだと、よく言われました。

東京勤務3年目頃から、妙に里心が付き、長男であるので、大阪に帰って家の跡をつぐという気持ちが強くなり、会社へ転勤要望を出しましたが、4年目にやっと、神戸支店へ転勤することができました。

新幹線に乗って、大阪へ帰る時には、会社の有志が送りに来てくれて、感謝感激しました。

神戸支店に転勤して

神戸支店に転勤して、同じ、設計課に配属になりました。神戸の設計課長が、東京支店時代の上司と、同期であったので、何かとスムーズに仕事がスタートできました。その課長は、8年後、突然病気で不幸にも亡くなりました。たいへんお世話になりました。

神戸時代には、衛生設計も当然やらなくてはならない立場になり、がむしゃらにやっていましたが、衛生設計の仕事を担当して、排水管の勾配の難しさを痛感しました。特にマンションの床内ころがし配管は、上司によく指導してもらいました。

3年前に今の会社へ再就職した時に、S工業神戸支店時代の工事課長

が居られたので、びっくりしました。

　また、さらに、君の書いたデパートの空調設計で施工して、天井の中にダクトが納まらなくて、苦労したでと言われ、恐縮してしまいました。

　私事では、父の友人の紹介で見合いして、たまたま2人共同じ高校であったので、話が意気投合して結婚し、現在に至っています。

　神戸支店勤務も丸4年になる頃、東京から同期の〇〇君が、神戸に転勤して来て、そのおかげで、私は念願の大阪支店に転勤することになりました。

大阪支店に転勤して

　今度は、大阪支店の設計部衛生課に配属になりました。

　大阪支店は、さすがに人数が多く、見積課という部署もあり、1つの仕事を分業しているという感じがしました。

　私も、今も改修工事をさせてもらっている〇〇会〇〇病院の衛生設計や、四国の文化会館の設計もさせていただきました。今でも、その建物の改修工事の話を聞くと、よくできたなあと思います。

　ある日、上司の課長から、若い内に、一度工事の勉強をしてきたらどうかと言われ、初めて工事の現場に出る事になりました。

　初めての現場は、西宮の保養所でした。建物の割に、設備機器が多く、ダクト工事、配管工事も沢山ありました。引継ぎの詳しい説明も無く、ポンと現場を前担当者から渡されました。

　何もわからない中、壁の型枠、鉄筋工事が始まり、携帯電話も無い時代ですので、業者にも連絡できず、必死にスリーブ用ボイドを、設計図を参考にして、自分で入れました。

　後日、コンクリートが打ちあがってから、ダクトが通らないという事で、壁を職人がはつっていたら、建築の監督から、なぜスリーブを正確に入れなかったのかと怒られました。

　2番目の現場は、某銀行大阪支店の現場でした。衛生工事の現場でし

たが、ゼネコン下の現場で、朝礼、3時会に出席して、本格的な大現場を経験しました。

　会社からは、2人現場監督に行っていました。毎晩最終電車まで、残業し、よく体力的にも続いたなあと思います。

　3番目の大きな現場は、大阪駅前の28階建ての高層商業ビルでした。現場員の構成は、設計から工事に配属替えされた3人と外注管理2人との計5名でした。

　工事のベテランは誰も居らないで、こんなメンバーで現場ができるのかなと不安でしたが、衛生JVの幹事会社がしっかりしていたので、見習って同様に現場を進めていくと、無事に工程の遅れも無く、竣工させることができました。

　私は、15階、16階のクリニック階と19階のホテル宴会場、27階の飲食街を担当していました。

　空調会社と電気会社、ガス会社と我が衛生会社とまず天井内の納まり検討の打合せを何回も行い、配管ルートと配管レベルを決定合意し、その後各社で施工図を書き、再度すり合わせを行い問題が無いかを確認しました。大抵、衛生排水管レベルが基準となりました。

　打合せで、各社の最終合意ができたら、アイソメ図を書き、配管加工場で配管加工を行い、搬入期日に搬入し、揚重リフトで施工階に揚重し、配管を取付けるという工程で、現場は、進められました。

　竣工直前に銅管の器具接続部より漏れて、大騒ぎになりました。私の担当階であったので、慌てました。配管の水圧テストも確認しているのにと思いましたが、器具接続部の銅管はテストしていませんでした。やはり、何らかの確認が必要だったと反省しました。また、最後は、職人さんの技術力にたよるしかないと痛感しました。

　4番目の現場は、K大学の付属高校の新築衛生工事でした。

　現場は和歌山で、家からの通勤ができず、各設備会社と共同で、アパートを借り、そこから社用車で現場へ通勤していました。毎日、一緒

に生活していると、連帯感がわき、現場も互いに協力して、スムーズに進んでいました。

　地元の配管業者で、職人さんがよく気をきかして、作業してくれたので、何のクレームも無く、無事5月の連休前に竣工する事ができました。

　その年はめずらしく、5月の連休が休めました。5月の連休明けに会社へ顔をだすと、あだ名がチャボと言われていた工事部長から、新会社へ1年だけ出向してくれないかと言われました。

　何で、俺が行かなくてはいかんのかと言いましたが、他に誰もいないということで、渋々他の工事課の3人と出向することになりました。

新会社（○○サービス）に出向して

　新会社は、昭和59年にS工業大阪支店の2階にできました。S工業の新社長が、肝入りで作った会社で、これからは、メンテナンスの時代だと豪語していました。確かに今考えても、同業社サブコンよりも進んでいましたが、利益を追求するあまり、別の方向に進んでしまいました。

　新会社は、50代のベテラン保守担当5人と若手4人と支店長、工事課長と事務員1人　計12人でスタートしました。

　設備の補修、改修の仕事は、見た目には、簡単そうに見えるが、非常に難しいということが、段々とわかってきました。

　改修工事、修理工事は、ほとんど土曜、日曜、祝日にしかできません。事前に材料、職人の手配を100%段取りしておかなければなりません。1個の材料不足から、仕事が予定通りにできなくなってしまいます。施工方法を充分に検討して、二重にも三重にもマイナス思考で考えて、それなりの対策を考えておかなければなりません。

　こんな現場からの連絡がありました。休日の日曜日の夜8時頃会社で仕事をしていると、お客さんから電話が有りました。

　電話の主は、○○病院の施設担当者からで、内容は朝から全館の給湯を止めて、漏水修理をしてもらっているが、いまだに修理が完了しない

ので一度会社から見に来てくださいとの苦情でした。

　上司の家の TEL もわからず、とにかく〇〇病院を知っている配管業者に連絡して無理やり頼んで、現場へ急行してもらいました。もちろん私も、やりかけていた仕事をほうりだして、現場へかけつけました。

　現場へかけつけると、B1 階機械室の中で、給湯還り銅管のピンホール修理を職人さんは、一生懸命ガス溶接していました。会社の担当者はおらず、ボイラーメーカーに任せきりの状態でした。

　配管業者と私で現場を見て、完全に水がとまっていないところに、ガス溶接は無理と判断して、施設担当者に謝り説明しました。

　後日に、断水コマとユニオンを使って無事修理を完了させました。それ以来病院の施設課との付き合い（作業依頼と相談）が今でも続いています。

　〇〇サービスも、昭和 59 年創立から 28 年営業を続け、大きくなって、成長しています。平成 21 年に S 工業から独立して現在に至っています。メンバーも若手社員が中堅社員に変わりつつあります。私も、60 歳の定年まで、勤務させていただきました。

二度目の就職

　私は、60 歳になって、再び S 工業のメンテサービス会社に就職しました。入社してみると、昔の〇〇サービスと全く変わりありません。あまりにも、会社組織や仕事の流れが同じである事に驚きました。

　仕事は、あいかわらず、土曜、日曜が主で、平日に振休を取得するパターンです。かなりハードな工事もあります。

　仕事の内容も、ほぼ同じで、以前からの施主さんからも仕事を依頼していただいております。

　今振り返ってみると、私も設備屋の番頭として、メンテサービス部門にどっぷりつかったなあと、つくづく思います。

あとがき

　まだまだ、書きたい事や言いたい事はたくさんありますが、設備屋の番頭をここまで続けてこられたのは、仕事を依頼してくださった施主様と、いつも協力してくれた各種協力業者（職人さん）のおかげだと、感謝しています。

　それに、毎晩残業して遅く帰っても待っていてくれて、晩飯を作ってくれた妻（嫁さん）と家族の協力のおかげだと、大感謝しています。

　世の中には、色々な仕事がありますが、設備屋の番頭仕事は、見た目には楽に見えがちですが、実際は精神的にも体力的にも、しんどい仕事です。どんな仕事でも同じだと思います。

　設備屋の仕事は、ちょっとした仕事でも、仕事をやりとげた後の達成感や喜びを感じられるので、また次の仕事にチャレンジしようという気持ちが湧いてくる仕事だと思います。

　以上、色々と施主や元請ゼネコン、会社の上司や先輩に教えてもらって経験したことを勝手気ままに書きました。

　設備屋の番頭を始めようとする人の何かの参考になれば幸いと思います。

奥山　松男（おくやま　まつお）

建築設備士、1級管工事施工管理技士
1972　大阪工業大学工学部機械工学科卒業
　　　Ｓ工業㈱東京支店入社
　　　神戸支店、大阪支店、グループ会社勤務
2015　退職

　　設備屋の本　―建築設備監督の仕事とは―

　2018 年 7 月 8 日　第 1 刷発行

　　　　　　　　　　著　者　奥山松男
　　　　　　　　　　発行人　大杉　剛
　　　　　　　　　　発行所　株式会社 風詠社
　　　　　　　　　　〒 553-0001　大阪市福島区海老江 5-2-7
　　　　　　　　　　　　　　　　ニュー野田阪神ビル 4 階
　　　　　　　　　　TEL 06（6136）8657　http://fueisha.com/
　　　　　　　　　　発売元　株式会社 星雲社
　　　　　　　　　　〒 112-0005 東京都文京区水道 1-3-30
　　　　　　　　　　TEL 03（3868）3275
　　　　　　　　　　印刷・製本　シナノ印刷株式会社
　　　　　　　　　　©Matsuo Okuyama 2018, Printed in Japan.
　　　　　　　　　　ISBN978-4-434-24935-8 C2052
　　　乱丁・落丁本は風詠社宛にお送りください。お取り替えいたします。